LE

PETIT PAUL

Tout exemplaire de cet ouvrage non revêtu de ma griffe sera réputé contrefait.

9303-87. — CORBEIL. Imprimerie CRÉTÉ.

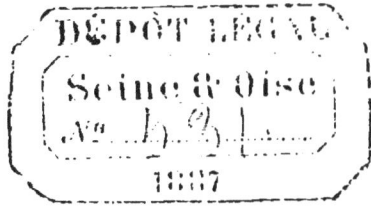

LE
PETIT PAUL

EXERCICES

D'INVENTION ET D'OBSERVATION

illustrés d'un grand nombre de gravures

ET DE DESSINS D'OBJETS USUELS

PAR

F. REUSSE   et   J. SCALBERT

Directeur d'École communale	Artiste-Peintre
à Paris	Professeur de dessin d'art
Officier de l'Instruction publique	dans les Écoles de la Ville de Paris.

Ouvrage inscrit sur la liste des Livres fournis gratuitement par la ville de Paris
à ses Écoles communales.

TROISIÈME ÉDITION

PARIS
LIBRAIRIE CH. DELAGRAVE
15, RUE SOUFFLOT, 15

1887

EXERCICES

D'INVENTION ET D'OBSERVATION

I. — A NOS LECTEURS

Paul travaille à côté de sa maman qui est occupée à coudre : elle prépare un vêtement pour son petit garçon qui commence à grandir et qui, bientôt, va porter un pantalon comme un homme.

L'enfant cause : Il pose mille questions à sa mère, car il veut tout savoir.

Il regarde les objets qui l'entourent, et demande leur nom, leur usage, leur nature, leur origine.

La pendule avec son tic-tac régulier l'étonne surtout beaucoup.

Son père lui a mis à l'oreille sa montre, et en l'écoutant battre, il s'est déjà demandé ce qu'il pouvait bien y avoir dedans.

Paul est très curieux. Il observe, il réfléchit, et il commence à raisonner sur toutes choses. Il s'instruira vite.

Aussi, pour l'aider à acquérir quelques connaissances exactes, nous avons pensé à faire avec lui un voyage, non pas seulement autour de sa chambre, mais partout où sa vie d'enfant et d'écolier l'appellera.

Nous vous prions de nous accompagner.

Pour vous intéresser, nous compléterons nos explications par de nombreux dessins qui vous donneront le goût et le désir de reproduire vous-mêmes tout ce qui pourra vous plaire.

II. — LA SALLE A MANGER

Il est sept heures. Le couvert est mis, et le père va revenir de l'atelier où il a travaillé toute la journée pour gagner de quoi nourrir sa famille.

Paul examine ce qui est sur la table, et sa maman lui dit :

— Vois-tu, Paul, la soupière et les assiettes qui sont là sont en faïence.

La faïence est une terre blanchâtre que l'on façonne à la main et au tour, et que l'on fait cuire pour la rendre plus ferme et plus dure.

La carafe et le verre à pied sont en cristal, et la bouteille en verre commun.

Les cuillers et les fourchettes sont en étain, métal que l'on fait fondre pour lui donner au moule différentes formes.

Les couteaux ont un manche et une lame. Le manche est en bois d'ébène pour les couteaux ordinaires, et en os pour les couteaux à dessert. La lame est en acier trempé, c'est-à-dire en acier ayant été chauffé au rouge et refroidi ensuite brusquement dans l'eau froide ou dans l'huile. Nos couteaux ont été fabriqués à Châtellerault, dans le département de la Vienne.

Prends la petite ménagère ; tu y trouveras du sel, du poivre, de la moutarde, de l'huile et du vinaigre.

Le sel blanc se trouve dans la terre, le poivre est la graine moulue d'un arbuste des pays chauds, la moutarde est le grain écrasé d'une petite plante de France, l'huile s'extrait des noix et du fruit d'un arbre appelé olivier, le vinaigre n'est que du vin devenu un peu sur et un peu aigre au contact de l'air.

On vend de bon vinaigre à Orléans, dans le Loiret.

Mais Paul n'écoute déjà plus sa maman : il a entendu sonner à la porte, il court et saute au cou de son père.

On se met à table et on mange gaiement, car une femme qui sourit et une maison propre sont la richesse du pauvre.

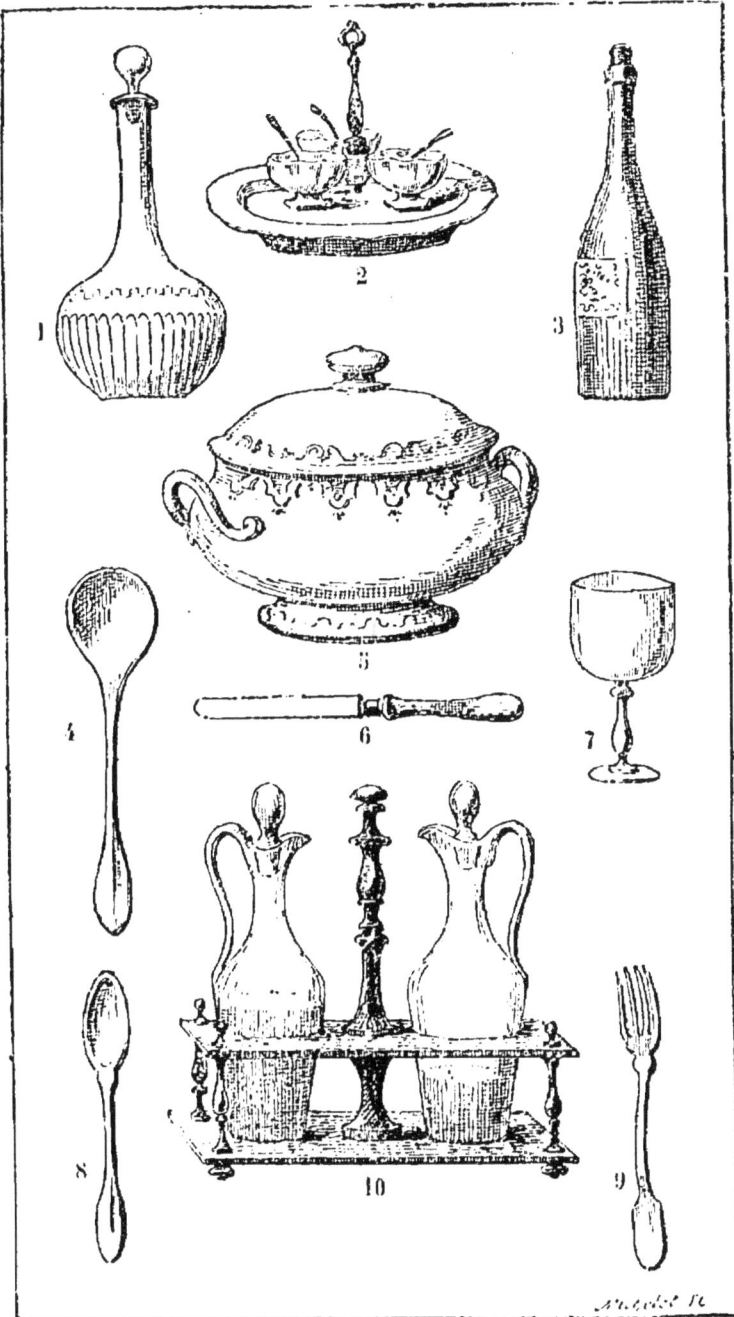

1. Carafe. — 2. Petite ménagère. — 3. Bouteille. — 4. Cuiller à potage. — 5. Soupière. — 6. Couteau. — 7. Verre. — 8. Cuiller. — 9. Fourchette. — 10. Huilier.

III. — LA CUISINE

Le repas est fini. Le père se repose en faisant une lecture et la mère enlève le couvert.

Paul l'aide de son mieux et la suit pas à pas de la salle à manger dans la cuisine. Il range de petites choses dans le buffet et se redresse pour regarder si tout est en ordre : les plats, le faitout, le couperet, l'écumoire, la cuiller à pot, le pot à beurre, la bouillotte, etc.

Les casseroles accrochées bien en ligne, le long du mur, sont en fer ou en cuivre, deux métaux que l'on trouve encore dans la terre. Paul aime à frapper légèrement sur leur fond pour les faire résonner, car il sait que le cuivre est sonore et qu'on en fabrique des instruments de musique.

Sa maman lui permet quelquefois de tourner la broche et d'arroser avec la cuiller le poulet du Mans que l'on achète les jours de fête, mais elle lui recommande bien de ne pas toucher au grand couteau posé à côté du hachoir et de ne pas s'approcher du charbon qui pétille et lance des étincelles. Elle lui apprend que le charbon provient du bois de chêne, de charme, de bouleau, de hêtre ou de pin, brûlé à l'étouffée pendant les mois d'août et de septembre dans des bûchers en pleine forêt, et que les meilleurs charbons sont ceux de l'Yonne, de la Marne, de l'Allier et de la Loire.

Paul a déjà présenté à sa mère, pour allumer le fourneau, des morceaux de braise ou charbon brûlé à l'air libre, et des bûches chimiques couvertes de résine, mais il ne lui a pas encore été permis d'ouvrir la boîte aux allumettes.

Ces petites bûchettes dont l'extrémité jaune et rouge flambe si bien, l'attirent cependant beaucoup, mais il sait qu'un enfant ne doit pas s'en servir, car leur couleur jaune est du soufre, et la rouge, du phosphore : deux poisons pour lui, et il n'ignore pas qu'en frottant des allumettes il pourrait se brûler et mettre le feu à la maison.

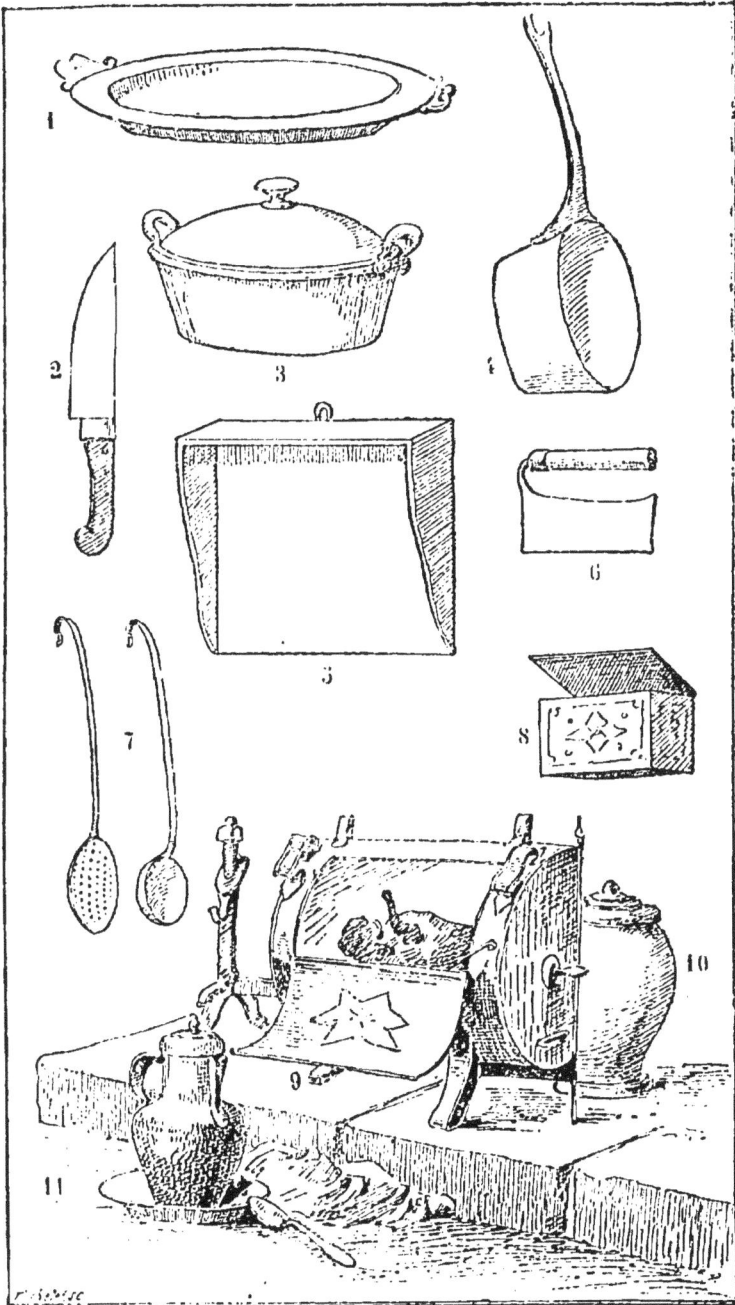

1. Plat. — 2. Grand couteau. — 3. Faitout. — 4. Casserole. — 5. Hachoir. — 6. Couperet. — 7. Écumoire et cuiller à pot. — 8. Boîte aux allumettes. — 9. Rôtissoire. 10. Pot à beurre. — 11. Bouillotte.

IV. — LA CHAMBRE A COUCHER

Paul est revenu s'asseoir à côté de son père et il s'est endormi dans son fauteuil. Sa maman le prend dans ses bras et le porte dans la chambre où elle le déshabille et le couche. Il est encore de bonne heure, mais de grand matin Paul est réveillé. Son père, en partant au travail, l'embrasse toujours avant de sortir.

A peine Paul a-t-il ouvert les yeux qu'il commence à causer. Son lit est doux et bien chaud : le matelas et la couverture sont de laine, l'oreiller et le traversin de plume, le couvre-pied de duvet d'édredon, les draps de bon coton uni et souple et la paillasse garnie de grandes feuilles de maïs.

Le lit de Paul est en chêne plaqué d'acajou provenant d'Haïti, île de l'océan Atlantique. L'acajou est un bois rouge très serré qui offre un bel aspect avec ses veines et ses rubans moirés gracieusement enroulés. On peut le diviser, à la machine, en planches minces comme une feuille de papier.

La laine du matelas et de la couverture vient du mouton dont elle forme la toison. Elle a été peignée, lavée et blanchie.

Le duvet du traversin et de l'édredon est donné par des oiseaux. Il se trouve généralement sous les ailes et sous le ventre. Dans les pays du nord, un animal nommé eider fournit la plume la plus fine pour les édredons.

Le coton est aussi un duvet, mais un duvet produit par le cotonnier, arbrisseau cultivé en Amérique, en Italie et en Algérie. Ce duvet s'échappe d'une gousse quand la plante laisse tomber ses fleurs.

Les feuilles de maïs qui emplissent la paillasse viennent d'une céréale appelée blé de Turquie, très répandue dans le midi de la France et dans le nord de l'Italie.

Paul est bien dans son lit ; cependant, comme il n'est pas paresseux, il demande à s'habiller. Sa maman lui apporte ses vêtements.

1. Le lit de Paul. — 2. Pied de maïs. — 3. Épi de maïs. — 4. Eider.

V. — LES VÊTEMENTS

Devant Paul sont ses vêtements bien pliés et bien brossés par sa mère qui est très soigneuse, a beaucoup d'ordre et d'économie et sait ménager l'argent de son mari.

Sur une chaise, il y a les bas, le pantalon, le gilet, la blouse et la cravate de Paul.

A côté sont posés ses souliers.

Les bas sont en coton, le pantalon et le gilet en drap et la blouse en alpaca noir.

Le drap a été tissé avec des fils de laine dans une manufacture de Sedan, d'Elbeuf ou de Louviers, villes françaises.

Pour le rendre plus solide, on l'a foulé au moyen de presses qui ont fait disparaître les vides laissés entre la chaîne et la trame de ses fils entre-croisés.

La blouse a été fabriquée avec les poils de l'alpaca, petit chameau très docile qui rend de nombreux services aux habitants de l'Amérique où il est employé pour une partie des travaux auxquels le cheval est occupé dans notre pays.

Les robes d'alpaca imitent les reflets de la soie et coûtent bien moins cher.

La soie est produite par le ver à soie qui se trouve en Chine, au Japon, en Perse et en France dans les régions comprises entre le Rhône et l'Italie.

Ce ver qui change plusieurs fois de forme, s'enveloppe d'un fil très fin qui l'entoure comme une toile d'araignée et qui a plus de mille mètres de longueur

C'est sa coque ou cocon.

Paul a une jolie cravate de soie bleu foncé; elle a été achetée par le magasin de nouveautés à des fabricants de Lyon ou de Saint-Étienne.

Ses souliers lui prennent bien le pied : ils sont lacés et ont une forte semelle en cuir de vache pour les préserver de l'humidité.

Le dessus de sa chaussure est en cuir plus souple, en peau de veau, de mouton ou de chèvre.

Son père a des bottes et sa mère des bottines.

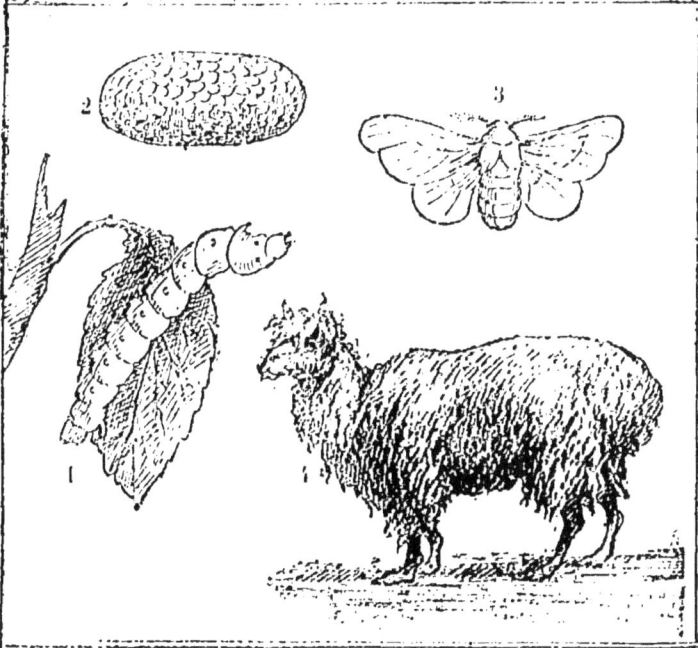

1. Ver à soie. — 2. Cocon. — 3. Papillon. — 4. Alpaca.

VI. — LA TOILETTE

Avant de s'habiller complètement Paul fait sa toilette. Il se lave le cou, la figure et les mains. Sa maman le coiffe et l'aide à passer ses vêtements, puis Paul remet tout en place : la cuvette, l'éponge, le savon, la brosse, le peigne, les serviettes. — Il fait bien attention en portant la cuvette qui est en porcelaine et faite de kaolin, terre plus blanche que celle qui sert à la fabrication de la faïence, mais bien plus fragile et plus sujette à se briser.

L'éponge, au contraire, est molle et malléable. Elle s'imbibe d'eau et se vide aisément sous la pression de la main. Paul ne pouvait croire que cette éponge si douce et d'une si belle couleur blonde est un animal ayant vécu au fond de la mer, mais il sait maintenant qu'on la trouve sur les bords de la Méditerranée, en Algérie, en Grèce, en Turquie, dans la Mer Rouge, dans l'Océan Indien et à l'île de Ceylan, et que des nègres plongent à de grandes profondeurs pour la pêcher sur les rochers.

Le savon avec sa mousse et sa bonne odeur de rose plaît beaucoup à Paul qui, avec un petit chalumeau de paille, s'amuse souvent à gonfler des bulles de toutes les couleurs. Seulement, le savon laisse dans la bouche un mauvais goût donné par les huiles et la potasse qui entrent dans sa composition.

La brosse est dure pour les mains de Paul.

Son manche qui est ivoire provient des dents et des défenses de l'éléphant, du rhinocéros ou de l'hippopotame, et ses crins ont été coupés à la crinière du cheval ou de l'âne.

Le peigne a été fait avec les cornes du bœuf ou de la vache.

Il y a dans l'Amérique du Sud, au Brésil et à la Plata, des troupeaux de bœufs sauvages qui sont chassés pour leurs peaux, leurs dents et leurs cornes.

Les serviettes de la toilette sont en toile de Bretagne.

La toile est un tissu fabriqué avec des fils provenant de l'écorce de deux plantes, le lin et le chanvre.

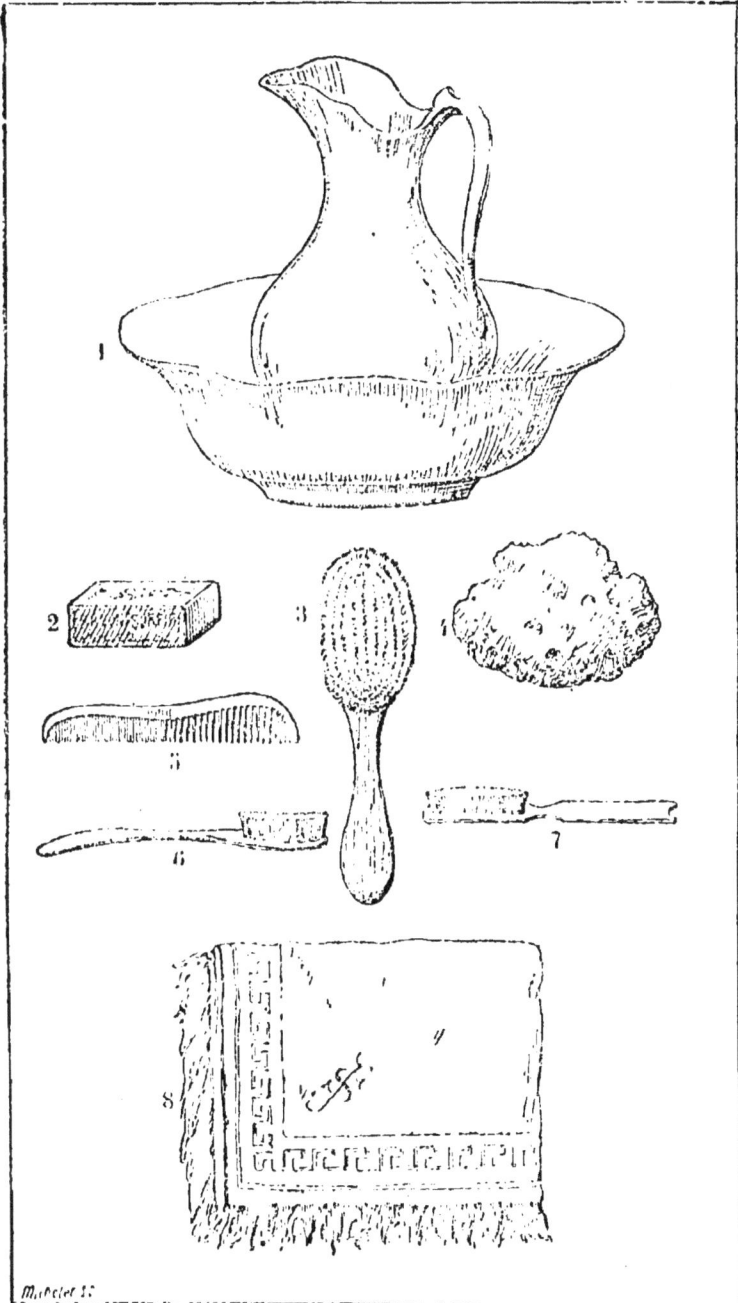

1. Cuvette. — 2. Savon. — 3. Brosse. — 4. Éponge. — 5. Peigne. — 6. Brosse pour les dents. — 7. Brosse pour les ongles. — 8. Serviette avec chiffre.

VII. — LA LEÇON DE LECTURE ET D'ÉCRITURE

Paul est habillé ; et pendant que sa mère fait le ménage et prépare le repas de midi, il prend son livre et son cahier et s'exerce à lire et à écrire.

Lorsqu'un mot difficile l'arrête, il l'épèle et en assemble les syllabes, ce qui arrive rarement, car il commence à lire couramment, à écrire en moyen et même à faire quelques dessins de son invention et de sa composition sur du papier quadrillé.

Paul s'amuse à colorier ces dessins : il mélange dans un peu d'eau de la gomme gutte, de la terre de Sienne et de la laque carminée pour avoir des rouges oranges et des bruns roux ; ou, de la gomme gutte et du bleu de Prusse pour obtenir des verts imitant les tons de la tapisserie de la descente de lit et du foyer placé devant la cheminée.

De temps en temps, lorsqu'il fait une page d'écriture, sa maman vient à côté de lui : elle se penche, allonge ses petits doigts qui ne peuvent s'habituer à bien tenir la plume, trace quelques mots et continue son ouvrage.

L'autre jour Paul avait si bien travaillé que, le soir, son père s'était écrié : « Mais, je crois que le moment est arrivé de mettre notre petit garçon à l'école ! »

Paul avait aussitôt ouvert de grands yeux. L'idée ne lui était pas encore venue qu'il quitterait ses parents ; cependant en faisant les commissions, il avait déjà vu à la porte des classes primaires les élèves sortir bien en rang et défiler devant leurs professeurs en saluant comme de vieux militaires, et malgré lui il avait porté la main à sa casquette et regardé par le vestibule.

Ces jours-là Paul était rentré préoccupé : il s'était demandé tout bas ce que c'est qu'une école, ce qu'il y a dans ces grands bâtiments et ce que peuvent faire toute la journée les enfants qui y sont enfermés.

Aussi en entendant son père la curiosité l'avait-elle poussé à répondre peut-être un peu trop vivement :

« Papa, si tu veux, demain j'irai à l'école. »

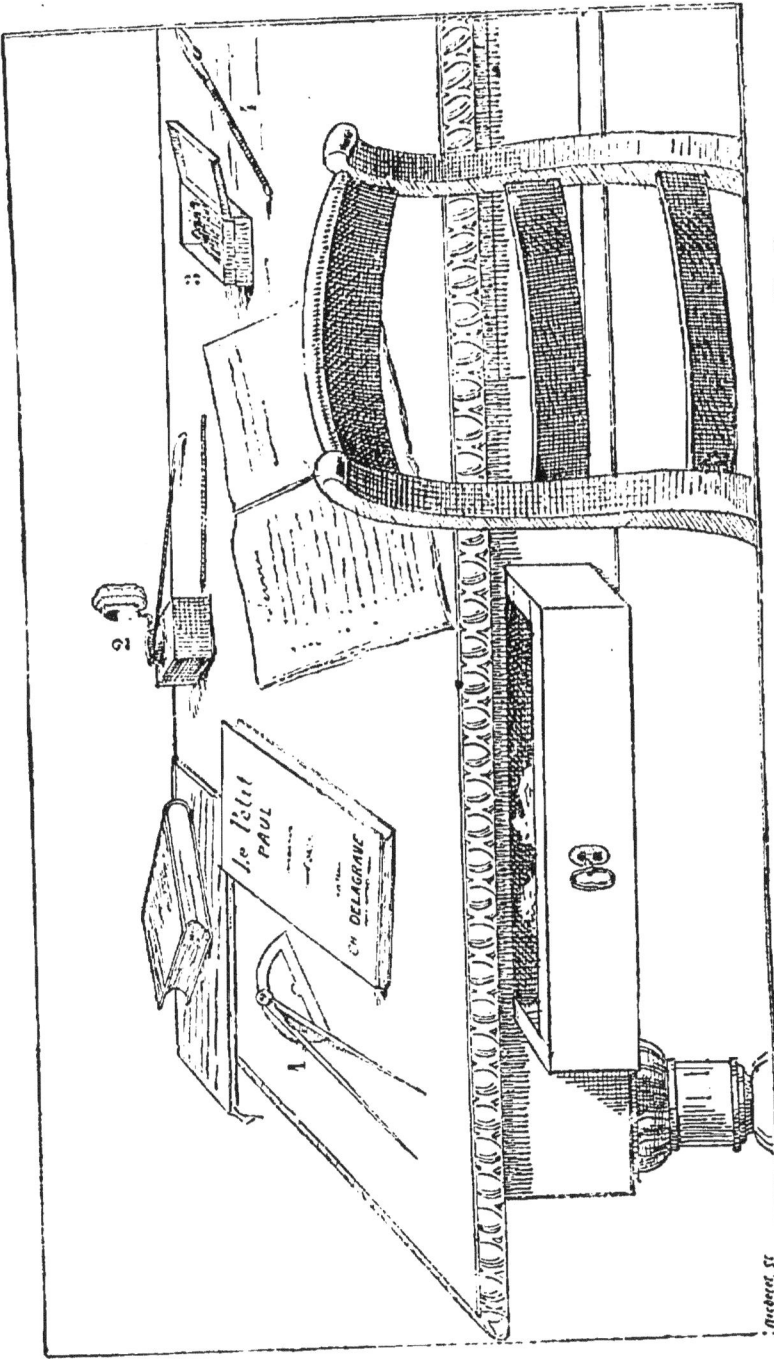

Le Petit
PAUL

Cie DELAGRAVE

1. Compas et rapporteur. — 2. Encrier et porte-plume. — 3. Plumier de poche. — 4. Tire-ligne.

VIII. — L'ENTRÉE A L'ÉCOLE.

L'entrée de Paul à l'école est décidée.

Son père s'est procuré un bulletin de la mairie donnant le nom, les prénoms, la date et le lieu de naissance de l'enfant, et un certificat du docteur constatant qu'il a été vacciné.

Il y a déjà quelques années que Paul a été vacciné.

Ses parents ont pris cette précaution de bonne heure afin de le préserver de la petite vérole, maladie très grave qui laisse des traces sur la figure et sur les mains.

C'est à un médecin anglais, Jenner, que l'humanité doit la découverte de la vaccine; mais il ne faut pas oublier que ce sont deux savants français, Thouret et La Roche-foucauld-Liancourt, qui, dès l'année 1800, l'ont introduite et propagée dans notre pays.

En temps d'épidémie, il n'est pas rare de voir de grandes personnes se soumettre une seconde fois à cette opération qui n'est pas douloureuse:

Le docteur trempe sa lancette dans du vaccin et pique plusieurs fois chaque bras. Après quelques jours, il sur-vient des boutons qui disparaissent bientôt en ne provo-quant qu'une fièvre très légère.

Paul a préparé son petit bagage d'écolier. Ses parents lui ont acheté une belle gibecière en cuir, un buvard cou-vert de toile cirée, un panier en osier avec deux couver-cles, une timbale, un plumier et une règle.

Tout cela est si brillant et si frais que Paul voudrait déjà s'en servir !

Il est pressé de partir.

Sa mère lui a mis un col bien blanc et une blouse neuve.

Il peut se présenter sans crainte : il a cette bonne tenue qui consiste dans la propreté du corps et des vêtements et qui est à la portée de toutes les positions, même les plus modestes.

Paul prend son père par la main et ils s'en vont comme deux amis.

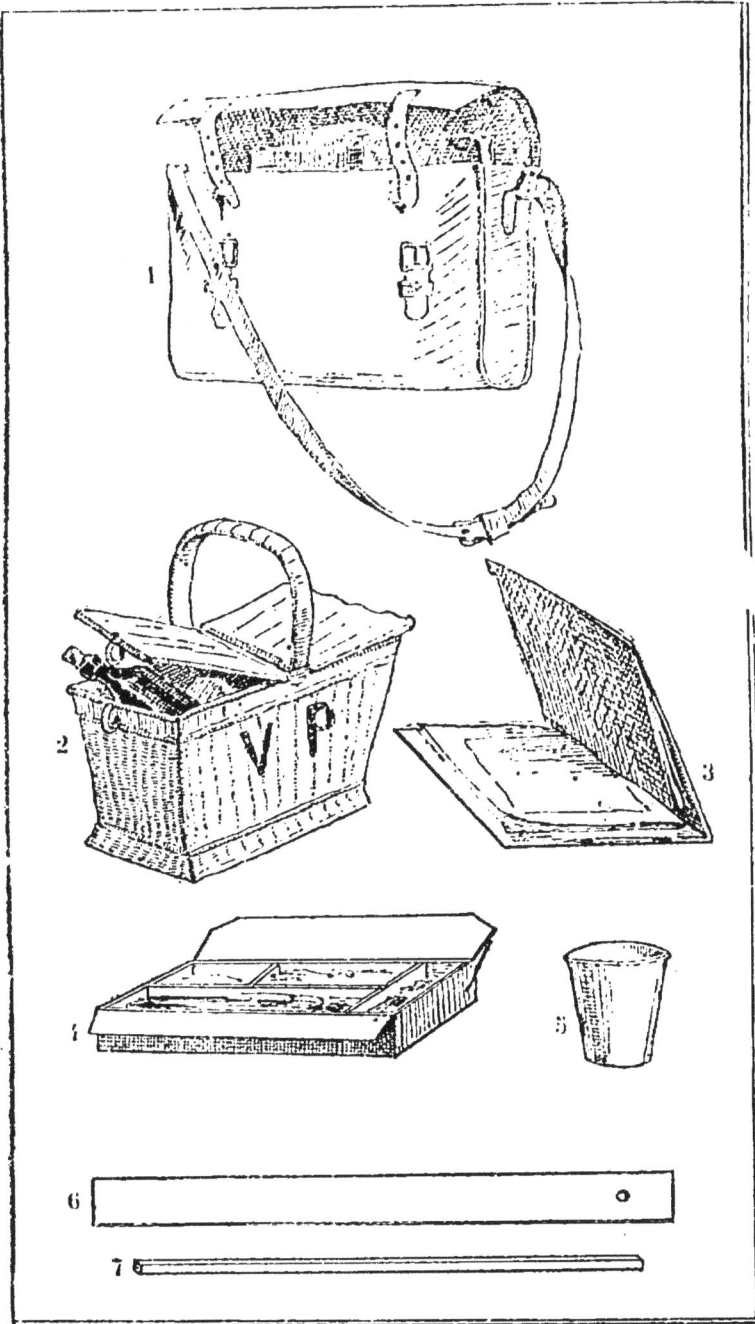

1. Gibecière. — 2. Panier. — 3. Buvard. — 4. Plumier. — 5. Timbale — 6. Règle plate. — 7. Règle ordinaire.

IX. — L'ÉCOLE

Paul suit régulièrement les classes et il sait maintenant quelle est la distribution d'une école.

Sur la rue, il y a quelques marches à monter pour arriver dans le vestibule où se trouve la porte qui conduit au préau, grande salle qui sert de lieu de réunion pour le déjeuner.

Autour du préau sont fixés des porte-manteaux pour recevoir les vêtements et des bancs pour poser les paniers.

Chacun a, là, sa place, qu'il vient prendre à midi.

En face du préau est la cour de récréation ; et à gauche, les salles de classe.

Voici un plan qui fera voir comment sont disposés les locaux.

On le comprendra facilement :

Un plan est le dessin à plat sur le sol des parties occupées par une surface.

Ainsi, en posant un livre sur une feuille de papier et en suivant son contour au crayon, le plan se trouve tracé avec les lignes qui l'enveloppent.

Dans les plans de constructions, ces lignes sont souvent doubles afin de représenter l'épaisseur des murs et des cloisons.

Lorsqu'on veut rendre dans leur hauteur l'image de ces murs ou de ces cloisons et avoir l'extérieur d'une habitation, on fait comme l'ouvrier qui du sol monte sa bâtisse : On tire des lignes du plan dans l'espace.

Le maçon élève le bâtiment, le dessinateur élève les lignes ; il fait ce qu'on appelle l'élévation.

Les arbres de la cour sont représentés par de petits cercles, les portes par des intervalles entre les lignes, et les fenêtres par des traits un peu en arrière du trait principal.

On peut sur le plan suivre le trajet que Paul fait depuis son entrée jusqu'à sa sortie.

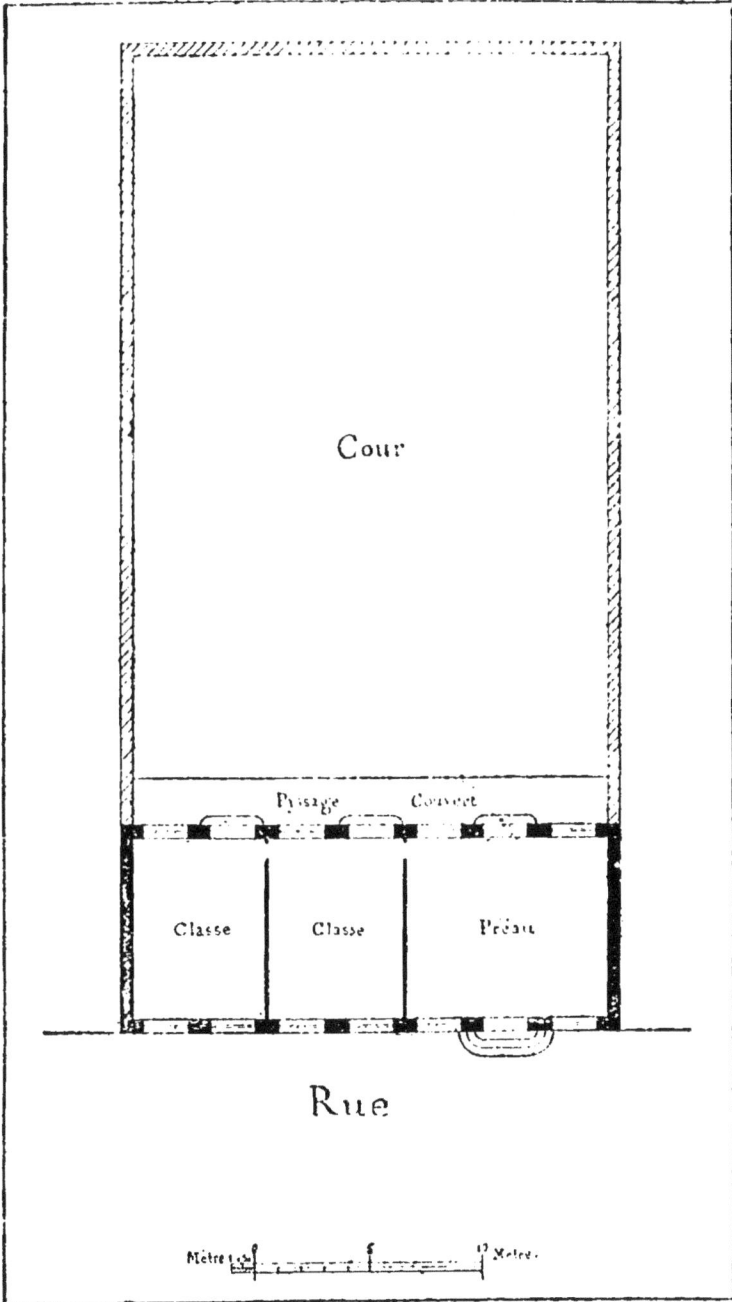

Cour

Passage   Couvert

Classe   Classe   Préau

Rue

Mètre 1   0   5   10 Mètre.

Plan de l'école.

X. — LA CLASSE

La classe de Paul est éclairée par de grandes fenêtres donnant à l'ouest.

Paul est assis à la place marquée sur le plan. Il reçoit la lumière à gauche et il voit bien ce qu'il écrit.

En face de lui il y a le tableau noir avec son escabeau pour les petits élèves, puis le bureau du maître, et dans un coin, le poêle avec ses tuyaux. Ces objets sont au nord.

Derrière Paul est le sud. A sa droite, le levant.

Les tables sont fixées au parquet par des équerres de fer qui sont attachées avec des vis que l'on peut enlever à volonté, lorsqu'on veut laver le plancher.

Elles ont des montants pour supporter le siège, une traverse pour séparer chaque place et une autre pour poser les pieds, une case pour recevoir les livres et les cahiers, une tablette pour poser le buvard, un encrier avec son couvercle pour préserver l'encre de la poussière, et une rainure pour mettre le porte-plume et le crayon.

Sur le plan, entre les tables, sont figurés des couloirs laissant les enfants entrer et sortir aisément de leur place. La porte de sortie se trouve dans un angle de la classe, du côté opposé au calorifère.

Paul est bien. Il sent qu'il se plaira à l'école et qu'il va travailler de tout cœur, car il se souviendra toujours de ce que son père lui disait le long du chemin, le jour où il a fait si lestement le premier trajet de la maison à l'école :

« Paul, maintenant tu n'es plus un enfant, tu es un petit garçon, et bientôt tu seras un jeune homme sérieux et instruit. Sois bon élève comme tu es bon fils. Après tes parents, le maître est l'ami qui te désire le plus grand bien et qui, si tu te trouvais dans le malheur, te donnerait encore les meilleurs conseils. »

Cour

Passage   couvert

Place de Paul

Rue

Mètre |_____| 1   2   3 Mètres

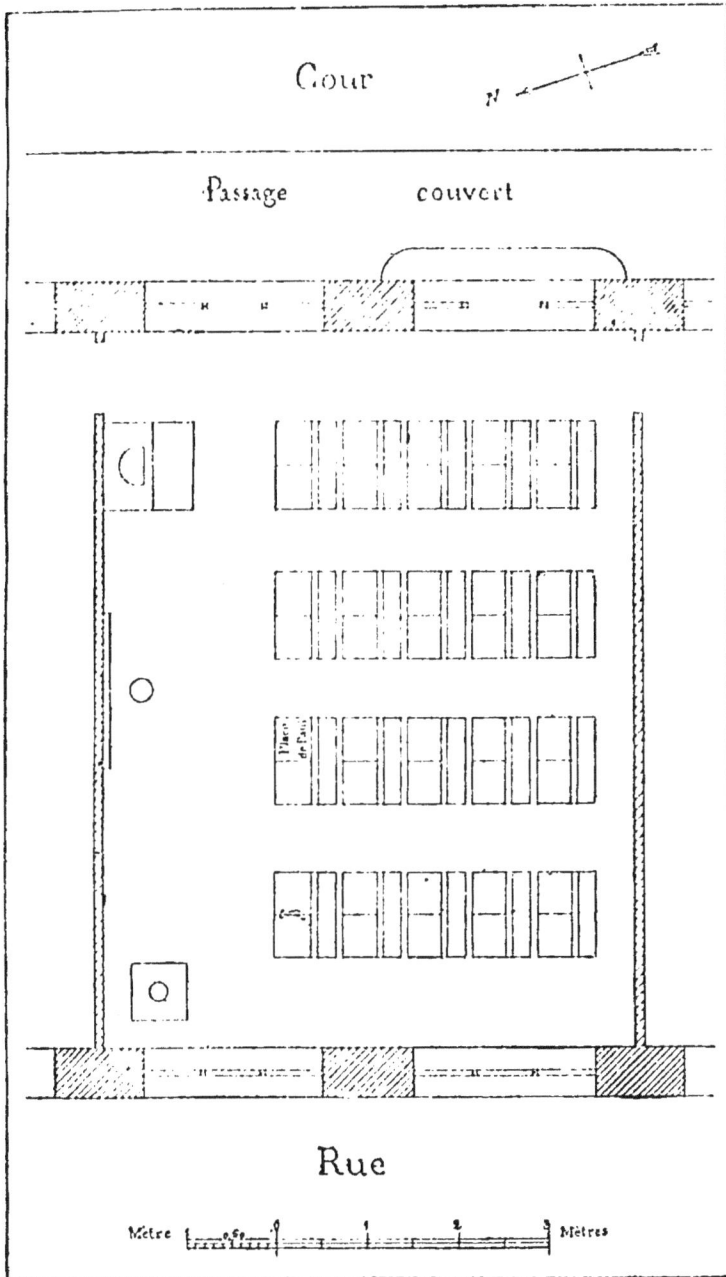

Plan de la classe de Paul.

XI. — LE DÉJEUNER

Tous les jours Paul déjeune à l'école, car il demeure un peu loin et le temps lui manquerait pour aller dans sa famille.

Au début il en souffrait bien un peu, mais il en a pris son parti en brave.

Son père comme lui déjeune dehors et jamais il ne se plaint : il sait que la vie est difficile et qu'on n'obtient rien sans quelques sacrifices.

Du reste, Paul a tout le nécessaire ; et un jour où sa maman lui avait mis dans son panier deux œufs, une tartine de beurre, une sardine, une pomme et quelques fruits secs, raisins, figues, amandes et noisettes, cela lui permit même de faire une bonne action :

A côté de Paul était placé un élève nommé Louis, à qui il était arrivé le matin une mésaventure :

Louis en venant à l'école s'était amusé à regarder les images chez un libraire.

A la porte de ce marchand était un gros chien terre-neuve ayant des poils si blancs, un regard si bon et des allures si soumises que l'enfant n'avait pu s'empêcher de le caresser, de lui frapper doucement sur le dos et de lui toucher un peu le museau.

Le chien n'avait pas paru mécontent ; au contraire, il s'était levé et avait tourné autour de Louis en le flattant et en flairant son panier ; mais, tout à coup, à un certain moment, il avait soulevé vivement le couvercle et s'était sauvé en emportant la viande préparée pour le déjeuner.

Ce pauvre Louis était resté tout confus et s'était bien promis de ne jamais s'arrêter en chemin ; malheureusement il était trop tard ! il n'avait plus dans son panier que du pain sec !...

Paul le vit si triste, à midi, qu'il lui donna un œuf et lui dit en montrant son dessert :

« Tiens, Louis, partageons. »

Paul en sera bientôt récompensé.

1 Sardine. — 2. Tartine de beurre. — 3. Œuf. — 4. Pommes. — 5. Raisins secs,
amandes et figues. — 6. Chien terre-neuve.

XII. — LA COUR

La cour de récréation a la forme d'un rectangle et elle est assez vaste pour que tous les élèves puissent y circuler librement.

Le sol a d'abord été garni de pierres molles jetées les unes à côté des autres de manière à laisser entre elles de petits intervalles qui forment comme des tuyaux de conduite des eaux.

Ces pierres ont été recouvertes d'une épaisse couche de terre qui a été tassée à bras d'homme et ensuite bien aplanie, afin de rester douce et ferme sous les pieds.

Par-dessus on a jeté du sable ou du gravier pour empêcher l'eau de séjourner et la boue de s'amasser.

On a ménagé aussi des petits ruisseaux qui, au moment des orages, conduisent la pluie dans deux ou trois puisards se dégorgeant à une certaine profondeur.

Au fond de la cour se trouve une belle rangée de marronniers ; à droite une allée de tilleuls, et tout à côté du réservoir qui alimente la fontaine, un massif de platanes.

Les platanes sont magnifiques, car l'humidité leur est très favorable ; et en été, on se plaît sous leur ombrage.

Tous les ans leur écorce éclate et tombe par morceaux : on dirait des bandes de liège qui entourent certains chênes et avec lesquelles on fabrique des bouchons.

Le bois du platane a le grain très fin et peut devenir dur et résistant après avoir séjourné dans l'eau.

Poli et verni, il convient pour les ouvrages d'ébénisterie.

Les tilleuls sont beaucoup plus touffus que les platanes mais leurs feuilles sont moins larges. Ils ont une jolie fleur que l'on recueille pour faire une tisane salutaire contre la migraine.

Leur bois est blanc, tendre, léger et fort recherché par les tourneurs et les sculpteurs pour les travaux d'art. Les cordonniers l'emploient aussi pour garnir les hauts talons des chaussures élégantes des femmes et des fillettes.

Avec l'écorce du tilleul forestier, on fait des chaussons, des chapeaux, des paniers et des cordes à puits.

Portique

Fontaine

Passage   Couvert

Classe   Classe   Préau

Mètre 1.50   5   10 Mètres

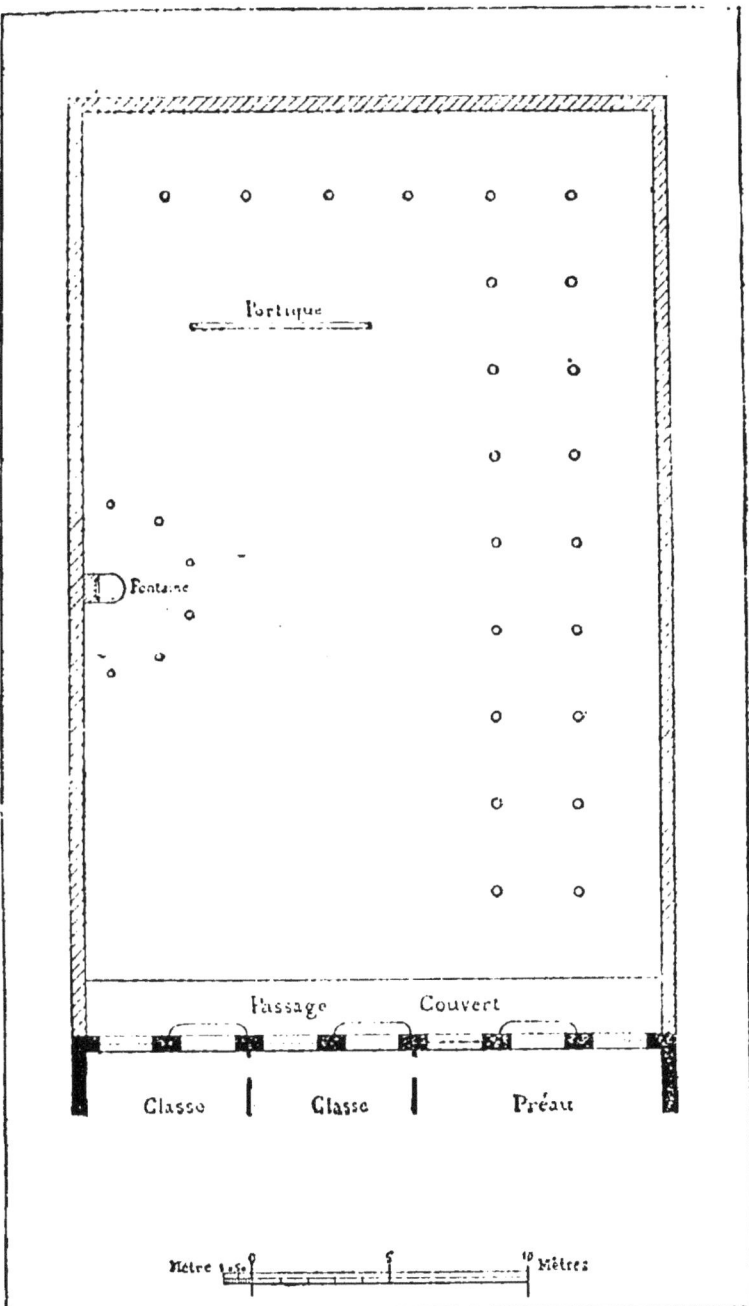

Plan de la cour.

2

XIII. — LA COUR (suite)

Les marronniers qui ont un petit air de fête sont les
arbres préférés des enfants : leurs bourgeons paraissent
les premiers et annoncent le printemps, leurs fleurs sont
élégantes, et si leurs fruits n'étaient pas entourés de
quelques épines, ce seraient vraiment des arbres modèles.

Il y a une espèce de marronnier, appelé marronnier d'Inde,
dont le fruit n'est pas bon à manger; cependant en le dé-
barrassant de l'huile qui lui donne une saveur âcre et
amère, on parvient à tirer parti de sa fécule et à en extraire
au moyen de lavages répétés, une variété d'amidon se dis-
tinguant par le brillant et la souplesse.

En France, les marronniers et les châtaigniers couvrent
de grandes surfaces. Dans le Limousin, en Auvergne, dans
le Lyonnais et dans d'autres pays de montagnes où le blé
ne peut trouver un terrain convenable, les habitants font
de leurs fruits la base de leur nourriture : le marron et la
châtaigne remplacent le pain et la pomme de terre. La
châtaigne grillée est aussi un véritable régal pour les enfants des grandes villes où viennent s'installer, en hiver,
de nombreux marchands de marrons, presque tous sa-
voyards ou auvergnats.

Les arbres de la cour sont arrosés fréquemment. Le
réservoir fournit l'eau nécessaire à cet usage. On visse à
sa base, sur un robinet qui y est soudé, un long tuyau de
toile terminé par une lance de cuivre dont l'ouverture est
très étroite ; et la pression de l'air sur l'eau du réservoir la
fait sortir avec force lorsque l'on ouvre ce robinet. Quelquefois le maître s'amuse à dresser la lance et à faire un
joli jet d'eau : le soleil en traverse les gouttes qui brillent
comme des diamants, et ses rayons, en se décomposant,
montrent toutes les belles couleurs de l'arc-en-ciel. Les
élèves en sont émerveillés et ils observent que plus l'instituteur se rapproche du réservoir, plus le jet s'élève :

L'eau cherche à retrouver son niveau.

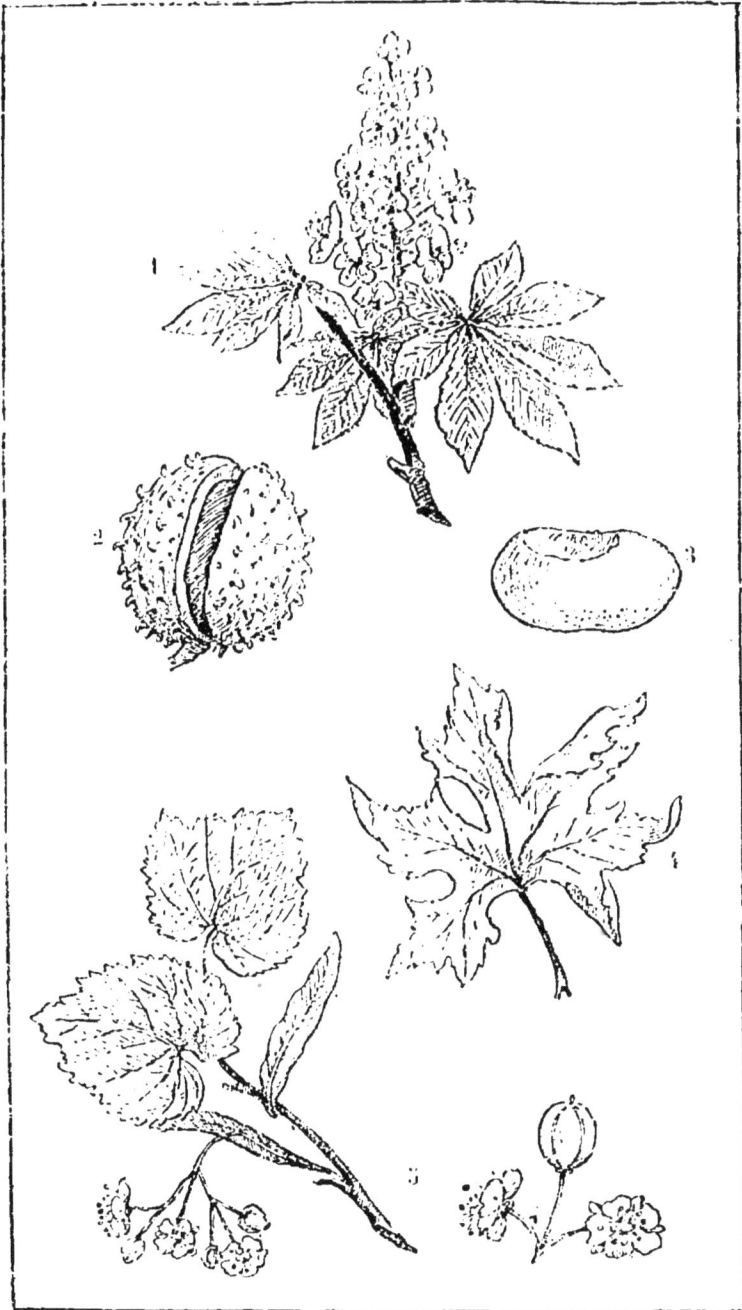

1. Feuilles et fleurs du marronnier. — 2. Marron. — 3. Châtaigne. — 4. Feuille du platane. — 5. Feuilles et fleurs du tilleul.

XIV. — LA RÉCRÉATION

Après le déjeuner vient la récréation; et c'est un véritable plaisir de voir les enfants jouer et courir dans toutes les directions :

Ils vont à droite, à gauche, s'entrecroisent, s'élancent, reviennent, se reposent, crient, et rient de si bon cœur qu'on éprouverait le désir de se mêler à leurs jeux si l'on se sentait les bras et les jambes aussi souples.

C'est bon de s'amuser tous ensemble.

Le plaisir honnête est nécessaire à la vie; et rien n'est plus profitable que cette union de tous les élèves d'une même école, devenant égaux au moment de la récréation.

Chacun s'y montre avec son tempérament.

Les enfants d'une santé robuste dirigent presque tous les grands jeux; ils sont vaillants pour la lutte et pour la course.

Ce sont de braves garçons sans détours et sans méchanceté, ne craignant pas de prendre sous leur protection un nouveau ou un enfant doux et craintif, mais faisant quelquefois un peu trop sentir leur force.

Les plus faibles organisent les petites parties tranquilles: le jeu de billes, les dominos, le bilboquet, le toton et les lotos.

Les autres, qui aiment le mouvement et la variété (les nerveux, en un mot), prennent la toupie, le sabot, le cerceau et font des parties de marelle ou de serpent.

Enfin les trois ou quatre vétérans qui redoublent leur dernière année d'études vont se mettre sur un banc, et le menton appuyé sur la main, cherchent à faire échec et mat.

Tout le monde s'amuse avec entrain, ce qui n'empêche pas de bien travailler en classe ; au contraire, une bonne récréation prépare un travail tranquille et sérieux.

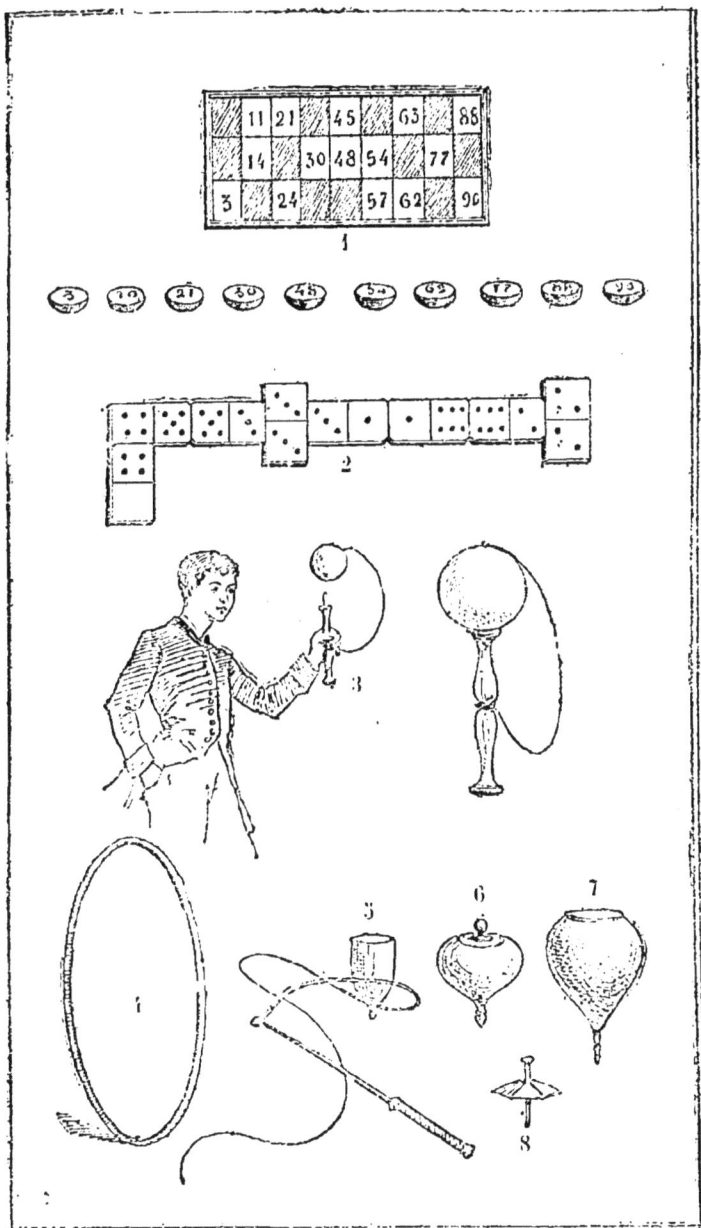

1. Lotos. — 2. Dominos. — 3. Bilboquet. — 4. Cerceau. — 5. Sabot. — 6. Toupie commune. — 7. Toupie ronflante. — 8. Toton.

XV. — LES JEUX DES ENFANTS

Approchons-nous un peu de quelques groupes :

Ici, on joue au chat coupé : deux élèves courent l'un après l'autre en ligne droite, et un camarade vient couper cette ligne, c'est-à-dire y faire une section soit perpendiculaire, soit oblique, afin d'attirer la poursuite de son côté.

Plus loin, une partie de dames va s'engager :

Le damier est un rectangle aux angles solides et bien joints, divisé en carrés, figures de quatre côtés égaux et de quatre angles droits sur lesquelles glissent des cylindres de buis et d'ébène.

Laissons les joueurs se préparer à l'attaque et regardons, à côté d'eux, un très beau dessin à la craie sur le bitume : c'est une marelle avec son enfer et son reposoir. Celui qui l'a faite a du goût !

Il a tracé d'abord cinq rectangles ; puis une surface qu'il a limitée par trois droites et par l'arc d'un cercle divisé en huit parties pour les jours de la semaine : lundi, mardi, mercredi, jeudi, vendredi, samedi, et pour les deux marchands de vin dont les noms seront choisis et écrits par le gagnant.

Au milieu de ce cercle se trouve réservée une place où un grand D qui signifie dimanche, marque le but à atteindre.

Le jeu est déjà avancé.

On entoure la marelle pour voir un petit garçon qui saute à cloche-pied et qui s'apprête à s'arrêter sur le reposoir où il pourra mettre les deux pieds par terre et reprendre haleine.

Chacun fait ses suppositions : on parie que l'enfant passera par-dessus l'enfer, ou qu'il y restera ; on cause fort, on discute, lorsque tout à coup on entend un cri déchirant. Les élèves se retournent ou se redressent.

Un grand silence se fait.

Un malheur vient d'arriver !

1. Damier et pions. — 2. Marelle parisienne.

XVI. — PAUL BLESSÉ

C'est Paul qui est tombé et qui se relève avec peine, la figure couverte de sang. Les autres enfants accourent, mais Louis les repousse et reçoit son camarade en s'écriant :

« Ah ! mon pauvre Paul ! tu es blessé ! »

Heureusement la blessure n'est pas grave : Paul dans sa chute s'est seulement fait une entaille au front.

Le maître est vite près de lui : il lave la plaie avec une éponge très douce afin de la débarrasser des caillots et des grains de poussière, et quand le sang a cessé de couler il rapproche les lèvres de la coupure, les maintient en contact avec des bandelettes de diachylon et applique par-dessus un bandage de linge propre et fin.

Paul se sent faible, car le pansement est douloureux et la vue du sang l'a un peu effrayé.

Louis lui fait boire une goutte d'eau fraîche, et lui donnant le bras, il le reconduit chez ses parents.

Tous les élèves causent de ce qui vient de se passer. L'instituteur en profite pour leur donner quelques conseils : « Habituez-vous, mes enfants, leur dit-il, si vous êtes victimes de semblables accidents, à vous soigner vous-mêmes, et ne vous effrayez jamais, car les bosses et les plaies à la tête ne sont généralement pas dangereuses.

Lorsqu'une plaie située soit à la tête, soit à un membre, est suivie d'un saignement abondant, cherchez tout de suite à arrêter celui-ci par des lavages à l'eau froide et, s'il est nécessaire, par la pression de la main, ou au moyen d'une ligature quelconque.

Si vous voyez le sang s'échapper sans secousse et avec une couleur foncée, c'est probablement une veine qui est ouverte. Exercez la compression entre les extrémités et la blessure.

Si, au contraire, le sang part brusquement par saccades et s'il est d'un rouge vif, c'est une artère qui est coupée : comprimez alors entre le cœur et la partie blessée.

Et dans le cas où ces moyens échoueraient, bourrez la plaie de charpie, fixez dessus un bandage serré et allez chez le pharmacien qui fera le nécessaire.

Maintenant rentrons en classe tranquillement.

Ce soir j'irai voir Paul. »

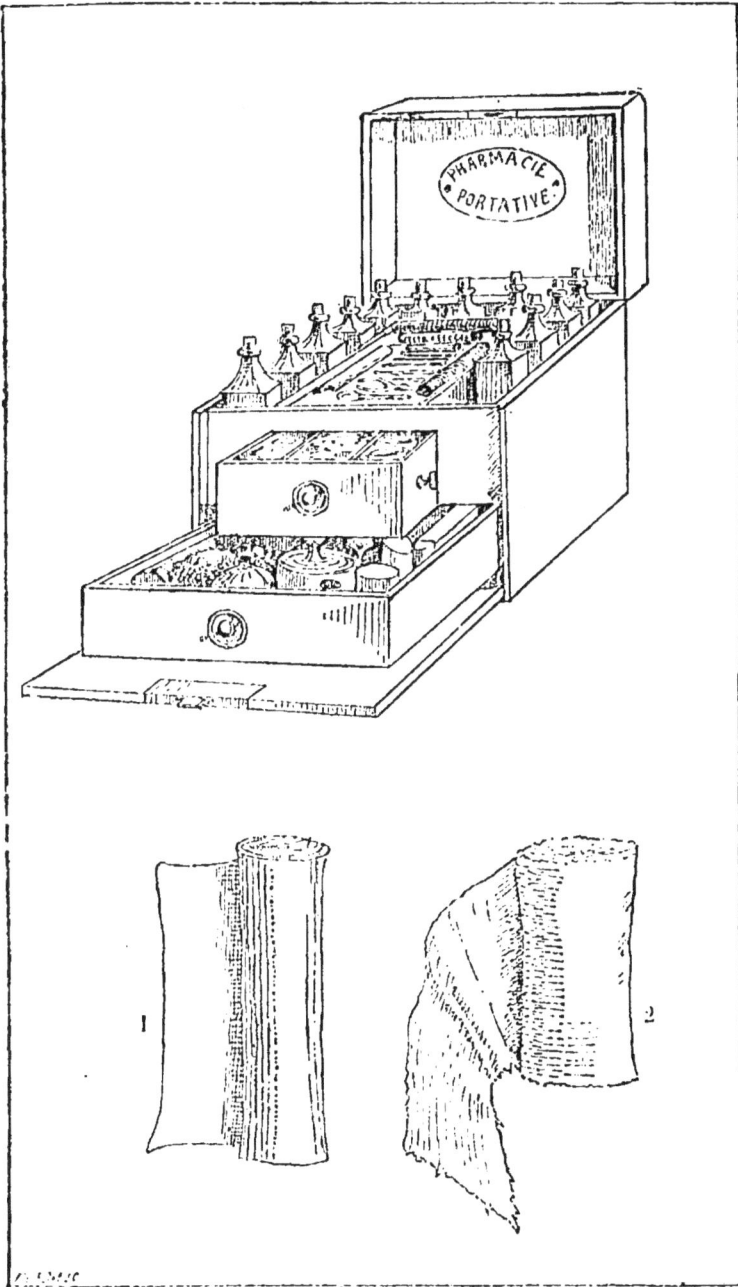

1. Diachylon ou emplâtre préparé avec des sucs de plantes et de la cire. —
2. Bandes de toile.

XVII. — LE MIROIR

Paul a un joli chat noir qui a une belle gorge blanche. Ce chat est très doux. Paul le fait courir, lui prend les pattes, lui lance une balle et lui caresse le dos. Il se laisse faire et joue gracieusement.

Cependant lorsque Paul est trop taquin, le chat lui fait sentir avec raison qu'il a des griffes et des dents pour se défendre !

Souvent Paul prend le miroir de la toilette, le place devant les yeux du minet qui s'y regarde fixement (tout étonné d'y voir un autre chat de même taille et de même couleur), en fait le tour et vient se remettre en observation en se repliant sur lui-même.

Alors, Paul s'y regarde aussi, et se demande comme son petit chat ce qu'il y a derrière...

Un jour, se trouvant là tous deux graves et recueillis. Paul se dit : « Si l'on pouvait laisser son image sur la glace on aurait son portrait ? Je vais en parler à papa. »

Son père lui explique que sa figure n'est pas fixée sur le verre, mais qu'elle le traverse seulement, et qu'elle est renvoyée ou réfléchie au moyen d'une couche d'étain ou de nitrate d'argent étendue sur le fond.

Paul en a la preuve en se regardant dans un carreau derrière lequel est collée une feuille de papier de couleur foncée, et dans une porte vitrée qui s'ouvre sur un mur un peu sombre.

« On peut, cependant, ajoute le père, avoir ton portrait, mon petit Paul.

« Pour cela il faudrait te placer devant une glace disposée d'une certaine façon dans une boîte toute noire à l'intérieur.

« La lumière enverrait tes traits dans cette chambre obscure, et ils y seraient conservés sur une plaque de verre couverte de collodion ou préparée au gélatino-bromure d'argent.

« Tu le verras bientôt, car je ferai faire ta photographie. »

1. Miroir de table de toilette. — 2. Miroir à main.

XVIII. — LA PHOTOGRAPHIE DE PAUL

Paul se plaît beaucoup en classe. Il écrit et compte déjà bien, commence à rédiger correctement et connaît l'histoire de son pays ; mais il est très faible en géométrie. Pourtant il a reçu tout un petit matériel pour le dessin linéaire :

Deux équerres et un T en bois de poirier, un double décimètre en buis, des compas de plusieurs formes, une planche à dessin en sapin encadré de chêne, un godet en porcelaine, des pinceaux en poils de blaireau, un bâton d'encre de Chine, une gomme en caoutchouc, un pistolet pour tracer les courbes, etc.

Il a tout ce qu'il lui faut et cependant il n'est pas satisfait. Il voit qu'il ne comprend pas ce qu'on lui enseigne et il sait qu'il a de mauvaises places à la composition.

Précisément son maître lui disait tout à l'heure :

« Ce soir, Paul, vous recevrez votre livret de quinzaine et votre père y trouvera votre photographie. »

Ce mot photographie, qui aurait pu rendre Paul si heureux, l'avait laissé tout triste, car il n'ignore pas qu'il s'agit de sa photographie morale, et que son livret le montre tel qu'il est, avec son caractère, sa conduite et son travail.

C'est son portrait très ressemblant, sans apprêt, sans retouche, avec ses imperfections et, il faut le dire, avec ses qualités.

Oui, c'est bien Paul, il se reconnaît. Seulement, comme il aime ses parents, il voudrait se montrer sous un meilleur aspect.

Avoir une figure plus ou moins belle, c'est bien ; mais être bon, c'est encore mieux !

Aussi quand il rentre attend-il son père avec une certaine inquiétude.

Le papa prend le livret, en parcourt les notes, et tranquillement, sans se fâcher, il appelle son petit garçon et lui dit :

« Paul, je vois que tu n'es pas fort en dessin ! Eh bien, comme c'est demain dimanche, nous irons, au lieu d'aller à la campagne, passer l'après-midi à la ville où je te ferai donner une leçon de géométrie. »

Paul ne dit rien mais il ne se coucha pas content.

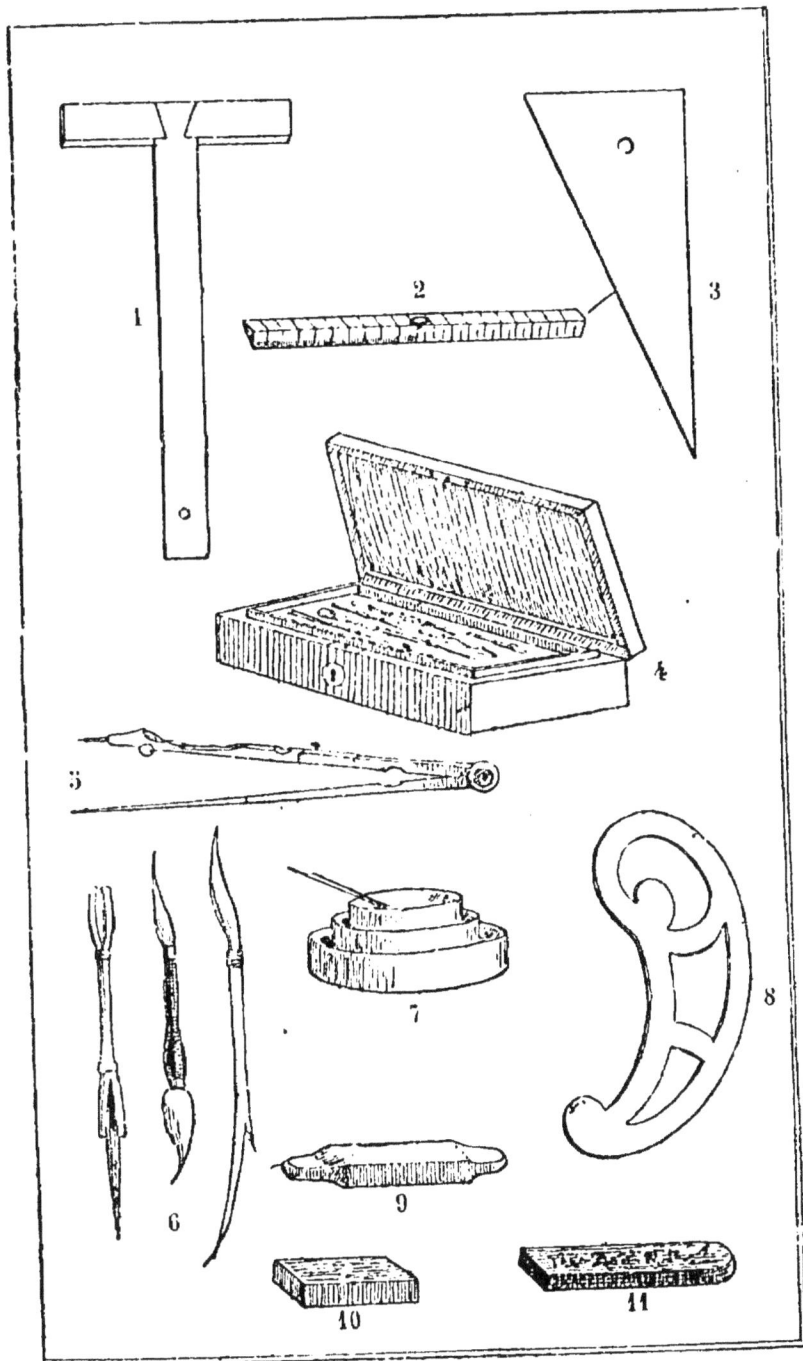

1. T. — 2. Double décimètre. — 3. Équerre. — 4. Boîte de dessin. — 5. Compas
avec crayon. — 6. Porte-crayon et pinceaux. — 7. Godets. — 8. Pistolet. —
9. Gomme à deux usages. — 10. Tablette de carmin. — 11. Encre de Chine.

XIX — LA LEÇON DE GÉOMÉTRIE

Le père de Paul est très bon, mais il est aussi très ferme, et lorsqu'il dit une chose juste il faut obéir.

Paul le sait, et il est soumis.

On part donc le lendemain pour la ville qui est éloignée de quelques kilomètres, et où, sur la place publique, a lieu une foire annuelle.

Les charlatans et les arracheurs de dents qui s'y trouvent font un tapage étourdissant et couvrent le bruit de la foule par les cris de leurs réclames et les roulements de leurs tambours.

Entre toutes les baraques et les voitures s'élève en forme de cône une tente très vaste.

« C'est ici, dit le père de Paul, que nous allons entrer. »

L'enfant monte, s'asseoit sur des gradins disposés en amphithéâtre et regarde autour de lui.

Au milieu il y a un espace sablé et ratissé où se tient un homme chaussé de grandes bottes et armé d'un long fouet. En le voyant, Paul ne peut réprimer un petit frisson ni s'empêcher de dire : « Pourvu que ce ne soit pas le professeur de géométrie ! »

Son père le rassure et lui explique qu'il est dans un cirque, et que tout ce qu'il va voir l'aidera à comprendre ce qu'il ne sait pas encore bien.

« D'abord, dit-il, regarde ces banquettes qui forment des courbes se rapprochant du centre de la salle. On les nomme courbes concentriques ; l'espace qui existe entre chaque rangée est une couronne ; la partie sablée forme un cercle bien dessiné ; l'écuyer est droit sur le centre ; la mèche de son fouet touche la circonférence et la longueur du fouet est le rayon. »

Mais Paul est distrait par l'orchestre qui accorde ses instruments : la représentation commence, et la leçon de géométrie devient amusante.

Le cirque.

XX. — LA LEÇON DE GÉOMÉTRIE
(SUITE)

Des jockeys apportent de grandes perches qu'ils fixent dans la terre :

Ce sont des verticales qui doivent être perpendiculaires au sol ou au plan, comme disent les savants, sans quoi le clown qui tout à l'heure va venir y grimper en faisant ses grimaces, risquerait de se blesser.

· Puis ils placent bien d'aplomb des escabeaux en forme de cube, et montent dessus pour présenter à l'écuyer qui vient de faire le tour de la salle en saluant gracieusement, de larges cercles de papier au travers desquels il s'élance.

Ces cercles sont placés à égale distance les uns des autres et forment des plans parallèles.

L'écuyer les traverse et retombe sur un beau cheval noir lancé à toute vitesse.

Paul est surpris de voir ce cheval courir en s'inclinant vers le centre de la piste, et à chaque instant il croit que le cavalier et le cheval vont tomber sur le côté.

Son père lui apprend que sans cette attitude penchée l'homme et la bête seraient jetés hors de la circonférence dans la direction d'une tangente, par les effets d'une force qui éloigne du centre tout corps qui tourne autour de ce centre.

Cette force se nomme force centrifuge.

C'est elle qui fait partir violemment la pierre d'une fronde et qui fait tomber Paul lorsque, sautant en rond avec ses camarades, il vient à leur quitter brusquement les mains.

Dans sa chute, ses pieds marquent le point de contact de la tangente à la circonférence que décrivent tous les enfants en dansant

L'écuyer.

XXI. — LA LEÇON DE GÉOMETRIE
(FIN)

Quand l'écuyer se retire, un gymnaste arrive et monte au trapèze où il déploie dans différents exercices beaucoup de force et de souplesse ; mais Paul en serait resté effrayé si un jongleur ne fût venu sur la scène.

Ce jongleur lance en l'air de petites balles, des poignards, des bouteilles et des assiettes qu'il reçoit avec adresse.

En les examinant Paul comprend que ces corps peuvent être aussi considérés par rapport à leur place dans l'espace, et il voit que le jongleur fait toujours en sorte de leur présenter bien horizontalement soit la main, soit le bras, de façon que la pesanteur qui les attire vers la terre leur fasse prendre la position perpendiculaire qui les met en équilibre.

Enfin, pour terminer la séance, les clowns reviennent en poussant les cris les plus bizarres.

Ils sont coiffés de chapeaux de feutre blanc imitant des troncs de cône, et leur plaisir est de se les envoyer les uns aux autres en y enfilant leur tête avec une promptitude extraordinaire.

La tête entre dans le volume du cône; le feutre est la surface de ce cône.

Paul comprend très bien, et il se fait cette réflexion qui ne peut germer que dans la tête d'un petit garçon :

« Comme l'on apprendrait bien la géométrie dans un cirque! »

Il sait que cela n'est pas toujours possible, mais ce qu'il ignore encore, c'est que bien des enfants pourraient avoir de bons pères, car il y a dans tout homme, quel qu'il soit, un fond latent de tendresse et de savoir qui ne demande qu'à se donner.

« Ce sont les bons fils qui font les bons pères. »

Le jongleur, le gymnaste et les clowns.

XXII. — LA LEÇON DE GÉOGRAPHIE

Il fait une de ces belles journées où le soleil commence à faire sentir sa chaleur et où le ciel bleu semble inviter tout le monde à courir les champs.

Paul part avec ses parents.

Sa mère emporte des provisions et son père prend son album et ses crayons, car sans être artiste, il sait copier quelques arbres, un groupe de maisons, une touffe de fleurs.

On arrive sur une route plantée de grands peupliers. Sous les pieds s'étend une nappe de gazon tout émaillée de pâquerettes rouges ou blanches, et de place en place, dans les buissons, des oiseaux chantent à côté de leur nid.

L'air est frais et on se sent heureux de vivre.

Paul court, prend une feuille, saute un fossé, revient sur ses pas et repart de nouveau.

On se trouve ainsi près d'un bois où l'on s'engage en suivant un sentier, et, à mi-côte, on se repose.

Il est midi.....

Mais Paul ne tarde pas à s'éloigner et à appeler son père en criant :

« Viens donc voir ce que j'ai trouvé ! »

C'est, sous un massif de saules et de joncs, une source encadrée dans une rangée de nénuphars sur lesquels se détachent de jolies fleurs jaunes jetées là comme de petites pointes d'or. Le père écarte les feuilles, montre l'endroit où l'eau sort de terre, cherche le courant, en marque l'issue et piquant une branche dans le sable, dit à Paul :

— Ici, commence le ruisseau qui coule tout le long du sentier et qui tombe, avec plusieurs autres, au pied du coteau, dans une grande mare d'où ils partent ensemble pour courir à la rivière en faisant tourner les roues d'un moulin.

La source.

XXIII. — LA LEÇON DE GÉOGRAPHIE
(SUITE)

Paul veut arrêter le courant.

Il bâtit avec de la boue, des pierres et des herbes, un barrage qui est vite emporté par l'eau qui bouillonne en grondant. C'est un véritable torrent qui s'échappe, entraînant tout sur son passage.

Paul ne se décourage pas.

Il fait une tranchée, creuse un trou plus bas que le ruisseau et y attire l'eau qui reste calme : Il a un lac. Il est content.

Alors, posant sur le bord une pierre longue et pointue, il forme un cap ; plaçant au milieu une motte de terre, une île ; creusant les contours de la rive, un golfe ; enfin réservant entre le ruisseau et le lac une bande de terrain, un isthme.

Ensuite Paul prend de la terre qu'il pétrit avec les mains et il figure une chaîne de montagnes.

Il en effile les sommets en forme de pics, les arrondit comme un ballon ou comme le dôme d'un monument, ménage entre eux des profondeurs représentant des vallées, et réunit deux de ces montagnes par une butte qu'il aplatit largement et qui devient un plateau.

Son père lui explique toutes ces choses ; et on continue la promenade... Bientôt le jour commence à baisser. Il faut rentrer en suivant un sentier un peu plus étroit pour rejoindre la route au plus vite.

Le père marche devant, éloignant avec la main les branches qui couvrent le chemin pendant que Paul fait un bouquet de violettes pour sa mère.

On chante doucement ; l'un d'un ton grave, l'autre d'une voix claire.....

Et dans la forêt un coucou semble crier d'un air plaintif :

« Au revoir, au revoir ! »

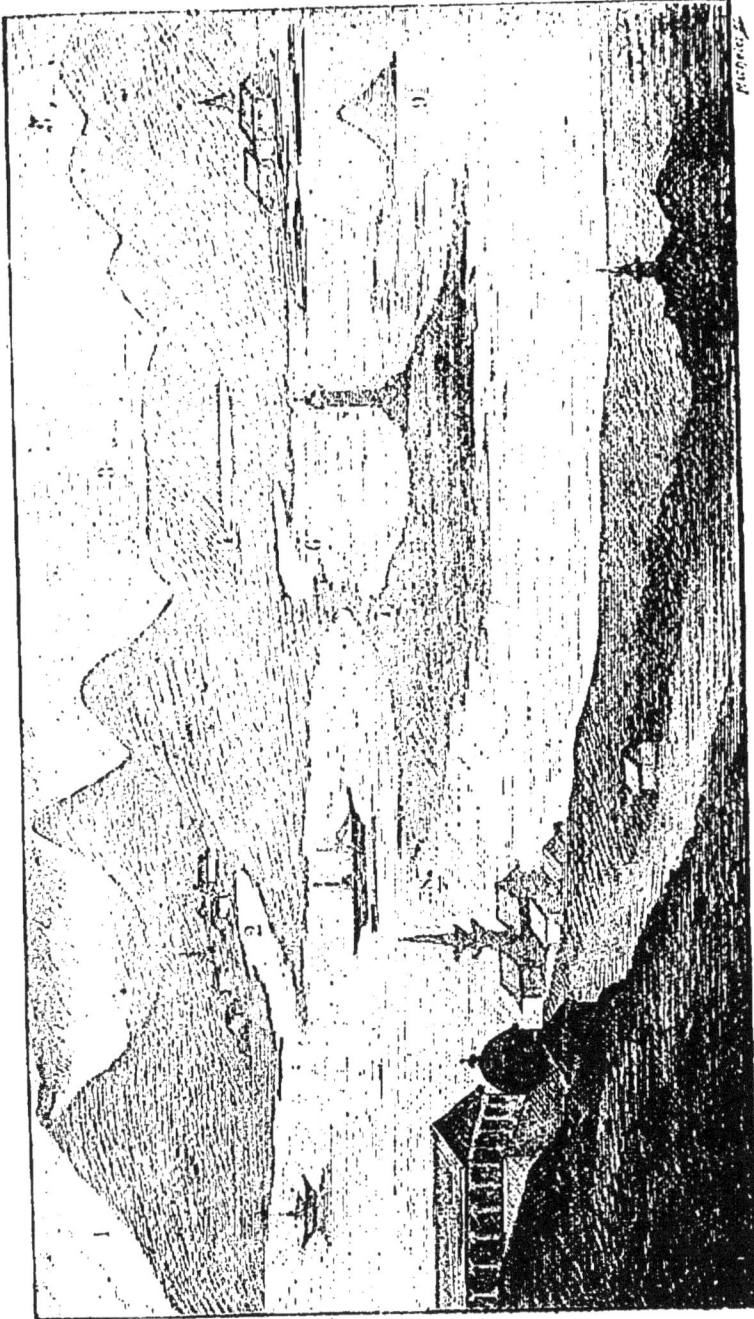

1. Pic et volcan. — 2. Port. — 3. Plateau. — 4. Lac. — 5. Ballons. — 6. Golfe. — 7. Isthme. — 8. Cap. — 9. Ile.

XXIV. — LA LEÇON DE CHANT

Depuis qu'il fréquente l'école Paul apprend la musique:
Il sait distinguer les rondes, les blanches, les noires, les
croches et même les doubles croches; il s'arrête aux pauses,
aux soupirs, aux demi-soupirs, et baisse le son aux bémols
et l'élève aux dièses. Il peut copier un morceau avec les
tons et les demi-tons, et sa voix parcourt facilement toute
une octave.

Paul s'amuse souvent à dessiner les notes et les silences
et à faire gracieusement la clé de sol ou la clé de fa sur
les lignes. Il répète chez ses parents de petits canons à
deux ou trois parties qu'il a appris avec ses camarades; et
en faisant ses devoirs le soir, il lui arrive quelquefois de
fredonner un air que son professeur lui a fait étudier le
matin.

Un peu de gaieté lui donne du cœur à l'ouvrage! Paul
deviendra peut-être amateur de bonne musique? C'est, du
reste, une distraction qui délasse l'esprit; et lorsqu'un
jeune homme peut conduire agréablement sa voix, il fait
plaisir à ceux qui l'entourent et peut passer honnêtement
avec un ami, à côté de sa famille, les longues soirées
d'hiver.

Paul va en avoir une preuve bien touchante pour lui. Le
facteur vient de remettre une lettre de Louis qui n'est pas
venu en classe depuis plusieurs semaines parce qu'il a
été gravement malade à la suite d'une imprudence qu'il a
faite:

En revenant d'une course pour sa maman, il s'était
arrêté à la fontaine publique, avait bu, étant tout en sueur,
et s'était même lavé la figure à plusieurs reprises. L'eau
provenait d'une source glaciale, et malheureusement Louis
s'était mouillé le cou et les épaules. Il avait contracté une
fluxion de poitrine; mais il va mieux et commence à se
lever et à manger.

Louis écrit qu'il voudrait bien voir Paul.

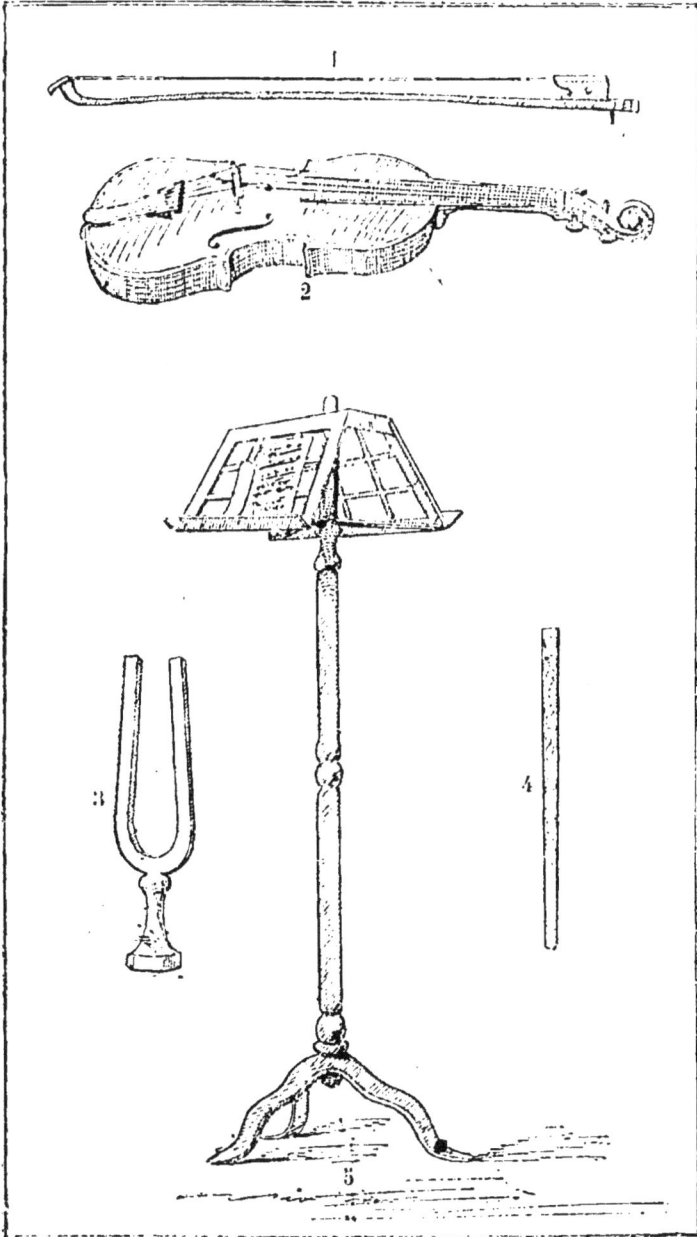

1. Archet. — 2. Violon. — 3. Diapason. — 4. Bâton de mesure. — 5. Pupitre.

XXV. — LA VISITE A L'AMI.

Le lendemain jeudi, Paul va chez son camarade et en entrant il est un peu gêné, car les parents de Louis paraissent fort riches. La recherche de l'ameublement, la beauté des glaces et des tentures et surtout l'élégance de la mère de son ami, rendent Paul très timide; mais il entend dire d'une voix si douce : « Vous êtes bien bon, Monsieur, d'être venu voir mon fils », qu'il se sent tout de suite à l'aise.

Il s'avance dans la chambre où Louis est étendu sur une chaise longue, un oreiller sous la tête et une couverture sur les pieds. A côté de lui, sur un guéridon, sont posés une veilleuse, un bol, un sucrier et une fiole contenant une potion à prendre toutes les heures.

Louis est si pâle et si triste, ses petites mains sont si blanches et si amaigries, qu'en le voyant Paul ne pense plus qu'à l'affection qui les unit l'un à l'autre et qu'il court vers lui en s'écriant :

« Comme tu es changé ! mais tu vas guérir, n'est-ce pas?

« Je viens passer l'après-midi avec toi, et je reviendrai te soigner si tu veux; je te lirai des histoires, je t'apporterai des images... Tu verras, nous ne nous ennuierons pas. »

Louis le regarde et ses couleurs reviennent. La joie lui fait du bien.

Il remercie Paul et se met à causer de ces mille petites choses dont s'entretiennent les enfants.

A un certain moment, il dit à sa mère :

« Demande donc à Paul de nous chanter un des airs de notre école. Tu l'accompagneras sur le piano, et après l'avoir entendu, je crois que tu pourras chanter avec lui. »

Paul tremble, mais Louis l'encourage et sa voix s'affermit.

C'est alors un spectacle charmant : La femme se montrant simple et naïve pour aider l'enfant, et l'enfant mettant toute sa science pour plaire à son ami...

Le chant terminé, on reprend la mesure que l'on répète ensemble en sourdine; et Louis en est si heureux qu'il appelle sa mère et lui parle à l'oreille.

Aussitôt elle s'approche de Paul, le prend dans ses bras et l'embrasse sur les deux joues en lui disant :

« Vous êtes un bon petit garçon. Vous serez toujours reçu ici comme l'ami de la maison. »

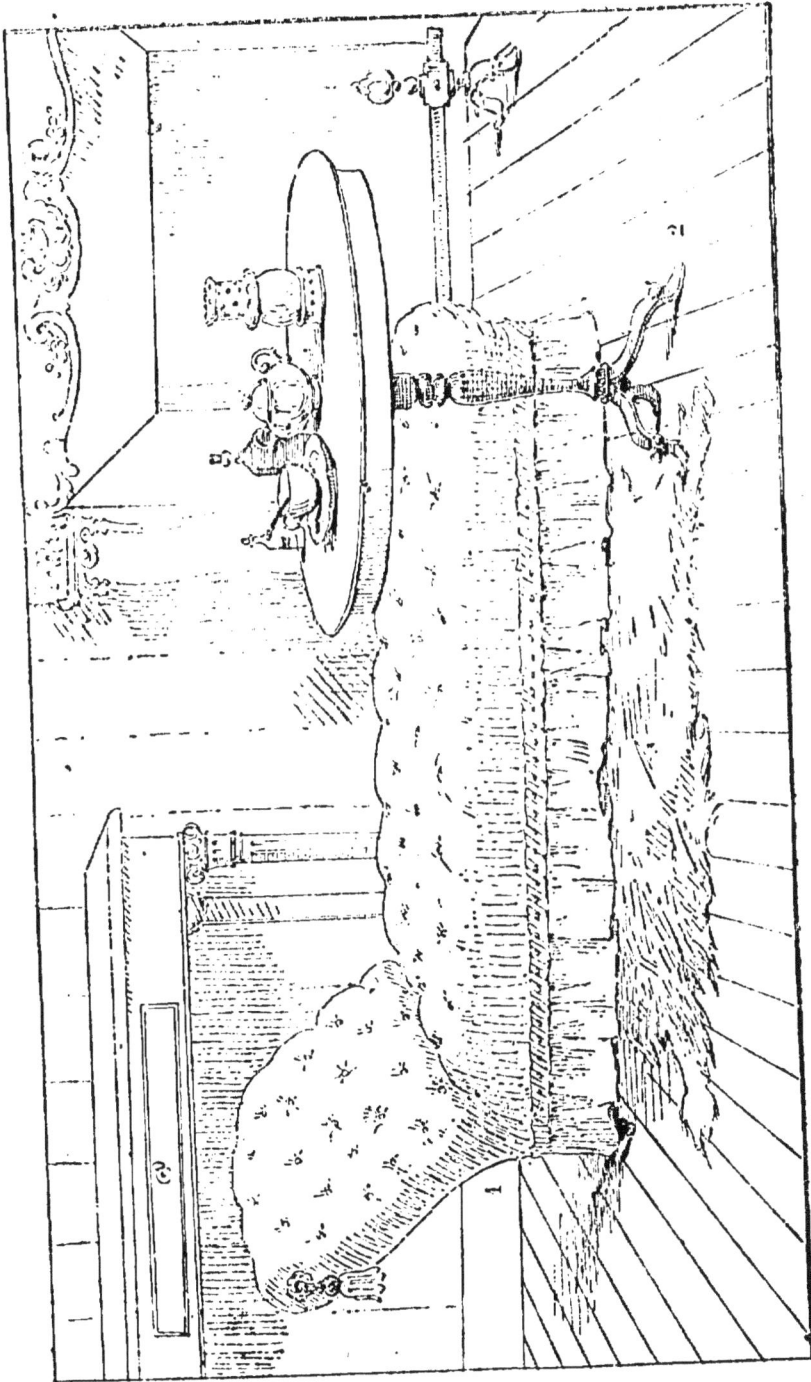

1. Chaise longue. — 2. Guéridon avec veilleuse, sucrier, bol, fiole et flacon.

XXVI. — LE PIANO

Paul est rentré content chez ses parents et leur a raconté sa visite.

Il a trouvé le piano très agréable à entendre ; mais tout en chantant, il n'a pu s'empêcher de suivre les mouvements des doigts sur le clavier et de se demander comment, en appuyant sur de petites touches d'ivoire, on produisait de si beaux sons.

Il interroge son père qui lui répond :

« Le piano que tu as vu est composé de deux parties : le clavier et la boîte d'acajou, d'ébène ou de palissandre. Le clavier comprend des touches représentant les notes. Les touches blanches sont les notes naturelles, les noires sont les dièses ou les bémols. A gauche sont les notes graves ; à droite les notes aiguës.

Chaque touche est posée par le milieu sur un pivot qui lui donne un mouvement de bascule. La moitié seule en est visible. L'autre partie est cachée dans l'instrument.

En appuyant avec le doigt, on abaisse une des extrémités de la touche et, par cela même, on soulève l'autre extrémité qui pousse le bras d'un balancier placé derrière la grande bande de bois formant le devant du piano. Ce balancier est terminé par un marteau qui vient frapper sur des cordes de fils d'acier ou de fils de cuivre et les fait vibrer. Ces cordes sont disposées de façon à donner exactement tous les sons musicaux.

Les sons circulent dans la boîte sonore qui enveloppe le piano et rencontrent une table de bois de sapin qui les renvoye au dehors.

Sous les pieds du joueur on pose deux plaques qu'on nomme pédales. En appuyant sur la pédale de droite, on augmente l'intensité du son. En appuyant sur celle de gauche, on diminue au contraire le volume du bruit produit par le choc du petit marteau.

Tu vois, Paul, que le jeu du piano n'est pas trop difficile à expliquer. Aussi lorsque tu entendras dans la cour d'une maison un chanteur s'accompagner sur sa harpe ou sur sa guitare, approche-toi, regarde-le attentivement et tu pourras peut-être comprendre quelques autres instruments à cordes, tels que le violon et la basse. »

1. Touche. — 2. Balancier. — 3. Marteau.   4. Pédales.

XXVII. — LA LEÇON DE GYMNASTIQUE

Après la classe Paul fait de la gymnastique et il a commencé par les exercices sans machines ni instruments, tels que : « Faire le pas gymnastique sur place, tourner et pencher la tête, élever alternativement les jambes, lancer les bras avec flexion, s'élever le plus possible sur l'extrémité des pieds réunis, et tenir le corps en équilibre sur les coudes les mains fixées sur le sol. Puis il a été autorisé à toucher aux agrès.

Paul monte déjà à la perche et à l'échelle de corde, sans cependant pouvoir atteindre la grande traverse du portique car en chemin les forces lui manquent et il se laisse glisser sur le sable, à la grande joie de ses camarades dont quelques-uns sont très forts et très agiles.

Paul est plus adroit à manier les haltères : il les soulève de terre, les soutient, leur fait faire le tour de l'avant bras et les porte à droite, à gauche, en avant et en arrière.

Paul s'exerce aussi au trapèze où il exécute des tractions ayant pour but d'augmenter la force musculaire des bras, et des renversements qui développent la poitrine et donnent de la souplesse aux reins. Mais l'exercice le plus plaisant pour lui est celui de la corde lisse : Deux groupes égaux d'élèves se placent à chaque bout de cette corde et tirent dans une direction opposée en employant toute leur force car c'est à qui sera vainqueur. On se pousse, on crie, on rit et on fait des chutes très amusantes.

Enfin, il y a les barres parallèles que Paul suit en se soutenant sur les mains, et le saut qu'il fait en prenant son élan et en évitant de s'embarrasser les jambes dans la corde. Tout cela est gai et animé; partout il y a du mouvement. Le professeur distribue un encouragement ou une réprimande, et quand l'heure du repos est arrivée donne un coup de sifflet qui rend tout le monde fixe et immobile, attendant le commandement pour l'exercice militaire.

1. Portique. — 2. Barres parallèles. — 3. Haltères. — 4. Trapèze.

XXVIII. — L'EXERCICE MILITAIRE

Au commandement « Garde à vous! en place, sur un rang », tous les élèves s'alignent, se numérotent de droite à gauche : 1, 2, 3, 4, 5, 6.., se préparent à faire « par le flanc droit », et à commencer les exercices, les mouvements et les marches.

Exercices de pied ferme, exercices en marchant, établissement des rangs et des distances, tout se fait avec une régularité surprenante; mais c'est surtout le maniement de l'arme qui est attendu avec impatience.

Il semble à Paul qu'en portant son fusil il est déjà soldat. Le premier jour, le fusil lui paraissait un peu lourd; maintenant il voudrait toujours l'avoir avec lui.

Pendant le repos Paul le regarde dans tous les sens et en ferait facilement, de mémoire, le dessin :

Il voit que le bois comprend une crosse pouvant s'appliquer sur l'épaule et une tige servant à recevoir le canon.

Ce bois est dur et résistant : on se battrait bien à coups de crosse.

Paul touche le canon qui est en acier et dont l'intérieur est rayé en forme de colimaçon afin que la balle, tournant sur elle-même comme sur un pas de vis, prenne une grande vitesse au moment de la décharge.

Il fait manœuvrer la culasse mobile, abaisse le levier et lâche le chien sur la chambre où se place la cartouche que le professeur lui permet de garder un instant dans la main pour lui donner une idée de sa forme et de son poids.

Paul sait que la cartouche de guerre est composée d'une certaine quantité de poudre et d'une balle de plomb pesant 25 grammes ; il comprend quelle grave blessure elle peut faire, et, bien qu'il ne soit pas méchant, il serait cependant content, si la France était attaquée, d'envoyer cette balle bien en face et sans reculer dans la tête d'un ennemi!

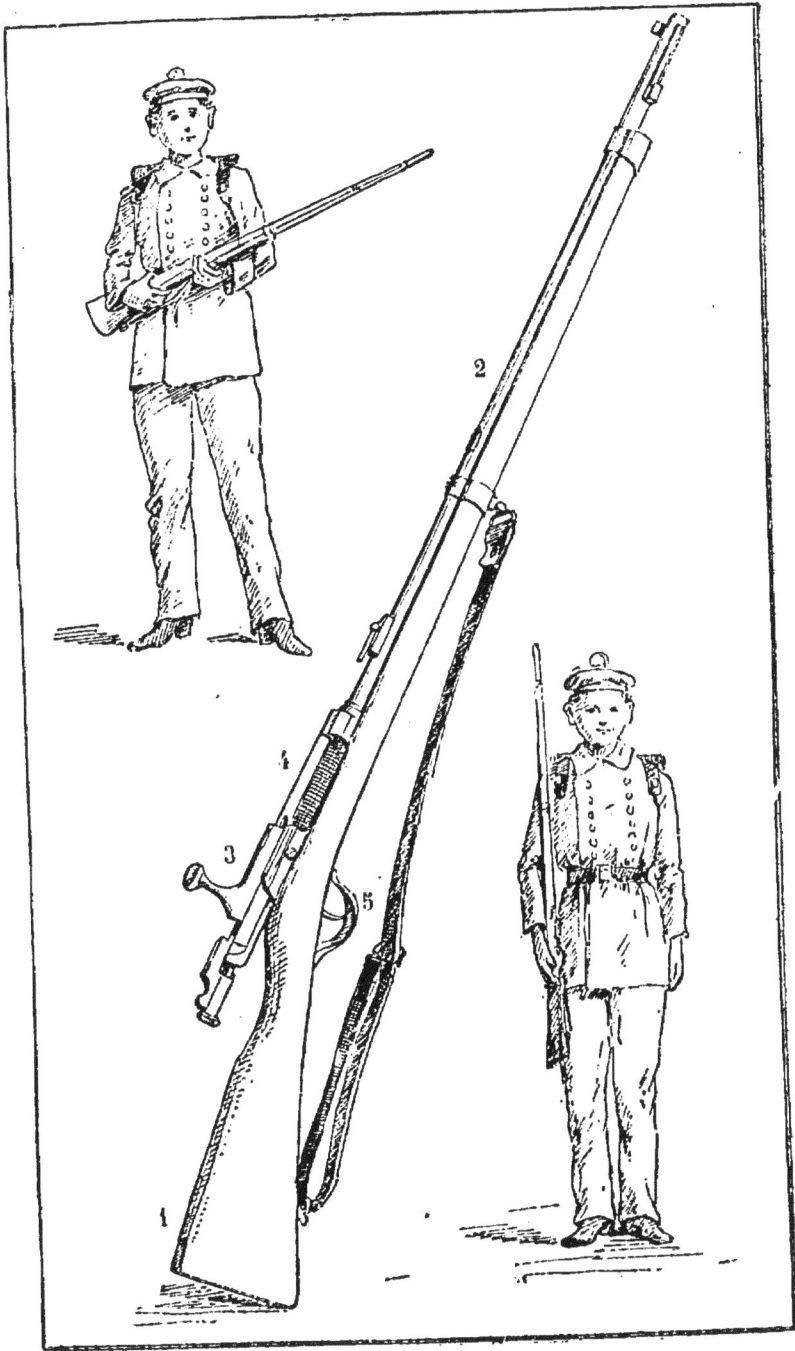

1. Crosse de fusil. — 2. Canon. — 3. Culasse. — 4. Chambre. — 5. Chien.

XXIX. — LE RÉGIMENT

Un soir après l'exercice militaire, Paul est en chemin pour revenir chez ses parents, lorsque, brusquement et malgré lui, il s'arrête sur place. Il croit entendre le bruit des tambours et des clairons. Il prête l'oreille et retient sa respiration. En effet il ne se trompe pas, c'est bien un régiment qui s'avance.

Paul court au coin de la rue et arrive juste au moment où l'avant-garde défile, suivie des sapeurs et du tambour-major qui marche majestueusement en faisant avec sa canne les moulinets les plus surprenants, et en donnant un signal à la musique qui commence :

On entend alors les saxhorns, les bugles, les cors d'harmonie, les pistons, les flûtes, les saxophones, les clarinettes, les trombones et les tambours jouer un air entraînant et cadencé.

Paul accompagnerait bien le régiment, mais il n'oublie pas que sa mère l'attend et qu'il doit rentrer de bonne heure.

Il se recule donc un peu pour laisser passer la foule, et s'arrête un instant pour voir les soldats rangés par sections et précédés de leurs officiers, marcher au pas, droits, en ligne et le fusil sur l'épaule.

Paul sent que l'esprit de discipline et l'amour de la Patrie animent tous ces jeunes gens, et il les admire tout en cherchant des yeux le drapeau tricolore, lorsqu'une fenêtre qui s'ouvre en face de lui dans une maison voisine lui fait lever la tête :

Une femme, les cheveux déjà gris et le teint très pâle, le regarde fixement, et au moment où le drapeau paraît avec ses couleurs déployées et brillant au soleil, elle se cache à demi derrière les rideaux et lui envoie un baiser.

Son fils, à elle, est aussi soldat ! Il est loin de France.

Il se bat pour son pays.

Le baiser ! c'est pour son enfant.

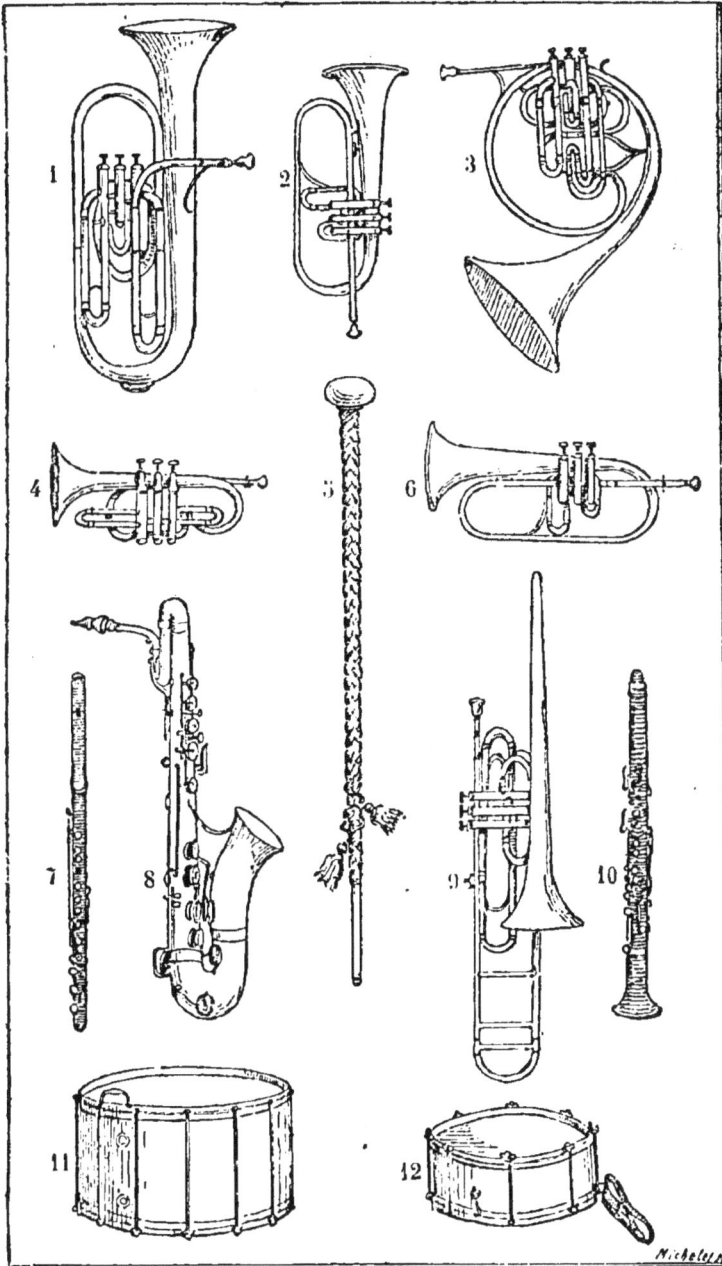

1. Saxhorn. — 2. Bugle. — 3. Cor d'harmonie. — 4. Piston. — 5. Canne du tambour-major. — 6. Contralto. — 7. Flûte. — 8. Saxophone. — 9. Trombone. — 10. Clarinette. — 11. Grosse caisse. — 12. Tambour.

XXX. — LE SAC DU SOLDAT

Pendant le défilé Paul a bien regardé les soldats, et en détaillant leur équipement il a été surpris de les voir porter tant de choses sur le dos. Il a même remarqué que les jeunes conscrits en paraissaient fatigués et suivaient avec peine leurs camarades.

A table Paul en cause avec son père qui lui dit : « Il n'y a rien d'étonnant que le soldat trouve quelquefois le sac un peu lourd, car sur ses épaules il a une maison tout entière :

La toile que tu as vue est une partie de la tente. Il y en a quatre semblables que l'on réunit et que l'on attache au moyen de cordes tendues par des piquets de bois. Ces quatre morceaux servent d'abri pour une escouade de 5 hommes. Le soir, on met par terre quelques bottes de paille et une couverture, on place sur ses jambes la capote et sous sa tête le sac, et l'on a une chambre à coucher très confortable.

Les gamelles, les tasses et les gobelets que tu as aperçus constituent la batterie de cuisine. Chaque gamelle a un couvercle qui remplace l'assiette ; et une de ces gamelles avec son couvercle muni d'une manivelle sert de moulin à café. Une hachette pour fendre le bois complète la garniture.

Le soldat porte en bandoulière un sac appelé musette dans lequel il place le pain, une partie des vivres et quelquefois le dessert. C'est un véritable garde-manger.

Il a, aussi, retenu par une courroie, un bidon en fer-blanc auquel il tient beaucoup car c'est sa petite cave. Elle ne contient souvent que l'eau claire, et cependant, lorsque cette eau est fraîche et pure, il la préfère encore au mauvais vin qu'il pourrait boire à bon marché.

Mais, Paul, tout cela n'est rien.

Le soldat français peut se passer de sa chambre à coucher, avoir sa salle à manger peu garnie, sa cuisine vide et son bidon creux : la grande affaire pour lui est d'installer son cabinet de toilette ! »

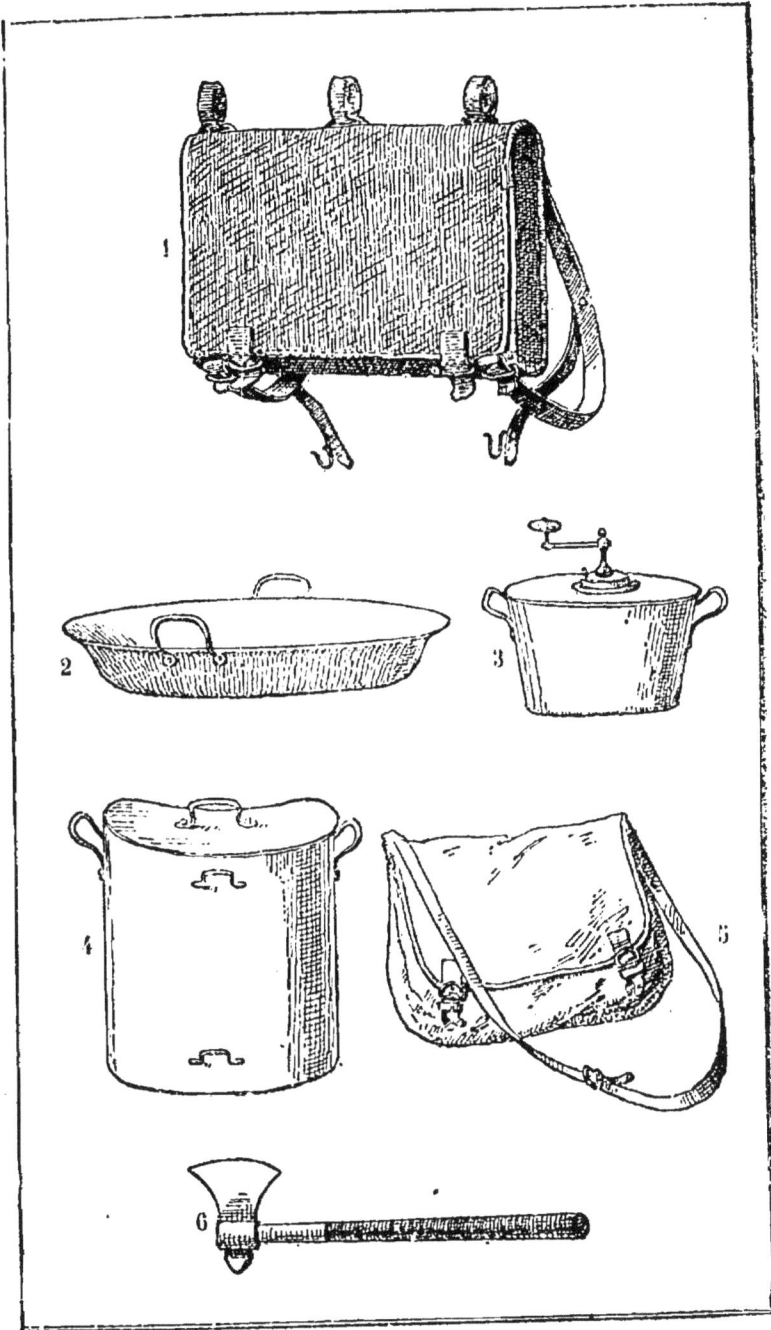

1. Sac. — 2. Plat. — 3. Gamelle. — 4. Marmite. — 5. Musette. — 6. Hachette.

XXXI. — LE CABINET DE TOILETTE DU SOLDAT

Paul est surpris d'apprendre que les soldats sont si coquets et il ne perd pas un mot de ce que son papa ajoute :

« Oui! mon fils, le cabinet de toilette est beaucoup pour le soldat! Et le gouvernement en a fait la pièce la mieux meublée de la maison!

Ce cabinet qui a six paravents formés par les côtés du sac ouvert et déployé, renferme une glace, un peigne, des brosses, des ciseaux, du fil, un dé à coudre, des aiguilles, des boutons de diverses formes, deux mouchoirs, une paire de bretelles, un beau pantalon, des gants blancs pour la grande tenue et une petite calotte en toile pour garantir du soleil lorsqu'on va en corvée. Toutes ces choses appartiennent au militaire qui les paie sur sa solde et sur sa mise de fonds en arrivant au corps.

Paul, ce n'est pas encore tout; car il ne suffit pas au soldat d'être propre et de nettoyer son uniforme, il faut aussi qu'il ait bien soin de son fusil !

Pour cela, il y a dans le sac une poche contenant une boîte à graisse, une fiole de tripoli et un bouchon de métal qui, pendant les sorties, empêche la pluie de rouiller l'intérieur du canon.

Enfin, dans un dernier coin, le troupier doit cacher sa patience et son martinet :

Le martinet, tu le connais? On s'en sert pour battre les habits, et j'ai même entendu dire que certains parents l'emploient à autre usage; quant à la patience, c'est une bande de bois ouverte au milieu et dans laquelle des trous sont ménagés pour permettre aux boutons de la tunique de s'y emboîter. Une fois là, on peut les frotter vigoureusement pour leur donner du brillant sans craindre de salir le drap.

Je crois, Paul, que tu pourras voir tout cela dans quelques jours : ton cousin Lucien, qui est en garnison au chef-lieu, vient d'être nommé sergent, et son père m'a envoyé pour lui une belle montre en or.

Nous la porterons ensemble. »

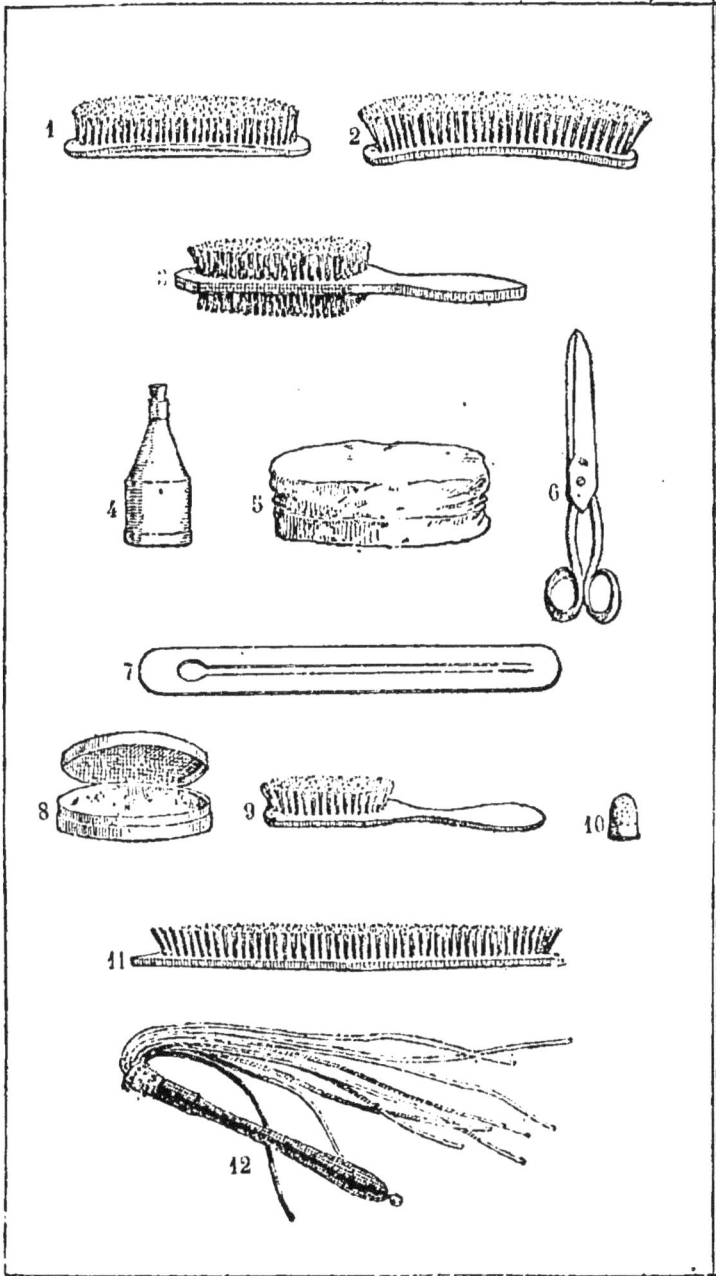

1 et 2. Brosses pour les vêtements. — 3. Brosse pour les chaussures. — 4. Fiole de tripoli. — 5. Calotte. — 6. Ciseaux. — 7. Patience. — 8. Boîte à graisse. — 9. Brosse de toilette. — 10. Dé. — 11. Brosse pour les boutons. — 12. Martinet.

XXXII. — LE COUSIN LUCIEN

Lucien a tiré au sort, il y a quelques années, et il a été classé dans la partie du contingent qui doit faire cinq ans de service actif.

Il en a d'abord été très affligé, mais il s'est vite résigné et a pris une résolution énergique en devançant l'appel pour s'engager dans une compagnie d'artillerie.

Lucien est relativement instruit : Il a été un des meilleurs élèves de l'école communale, a obtenu les premiers prix des classes d'adultes et a suivi avec fruit les cours de dessin.

Quand ses études primaires ont été terminées, il a fait son apprentissage dans un atelier d'ajusteur-mécanicien, et il est devenu un bon ouvrier possédant des connaissances spéciales qui lui ont déjà été utiles au régiment où il continue de suivre les leçons données aux sous-officiers et aux soldats. C'est même à l'école régimentaire que Lucien est occupé lorsque Paul et son père se présentent à la caserne.

Ils sont obligés de l'attendre dans la cour, et tout en se promenant, ils regardent les canons de bronze ou d'acier, à culasse fixe ou mobile, posés sur leurs affûts, les pièces de campagne avec leur attelage solide et léger tout à la fois, et les caissons avec leurs boîtes à munitions et leurs rallonges de rechange.

Ils voient aussi les piles d'obus, de boulets, de biscaïens, et aperçoivent dans les fortifications les casemates où la poudre et les cartouches sont mises en réserve.

Lucien ne tarde pas d'ailleurs à arriver.

Il serre la main de son oncle, embrasse Paul et lit la lettre de ses parents.

Il en est content. Cela se voit sur sa figure.

Il regarde la montre, la retourne, la regarde encore, l'ouvre, la referme, et enfin se prépare à la mettre dans son gousset en disant : « Je suis heureux que mon père ait pensé à moi, » quand Paul lui touche le bras et lui dit d'une voix câline :

Cousin, laisse-moi voir ce qu'il y a dedans?

1. Caisson. — 2. Affût et canon.

4.

XXXIII. — LA MONTRE

Lucien se met à rire et lui répond : Tu voudrais, n'est-ce pas, connaître la petite bête dont le tic-tac t'intriguait si fort lorsque tu étais tout jeune enfant?

Je vais te la montrer. Seulement, approche-toi et écoute:

Vois-tu ces roues qui tournent et ce balancier qui remue si régulièrement ?

Eh bien ! la petite bête est là.

Nous allons chercher à comprendre sa marche.

Tu sais qu'une roue ne peut tourner toute seule. Il faut que le cheval, l'homme, la vapeur, l'électricité, le vent, l'eau ou une autre force la fasse mouvoir; sans cela elle resterait au repos.

Dans la montre, le moteur est un ressort d'acier très flexible. Regarde ce couteau que j'ai acheté bon marché.

La lame peut se plier aisément. Je la courbe devant toi sans difficulté ; mais si j'enlève la main, la lame reprend brusquement sa première position.

Le ressort fait comme cette lame. Il est contourné sur lui-même en forme de spirale et cherche à se détendre complétement.

Il en est empêché par ses extrémités qui sont attachées, l'une à un endroit fixe, l'autre à un barillet tournant.

Petit cousin, baisse-toi et examine l'intérieur de ma montre. Touche un peu cette roue avec la pointe de mon couteau ? tu vois, elle s'arrête et le ressort ne bouge plus.

As-tu compris ?

— Oui, répond Paul, je comprends tout ce que tu as déjà dit.

— Alors reposons-nous un instant.

Ma montre a peut-être besoin d'être remontée.

Donne-moi la clé et prête l'oreille.

On entend le bruit d'une roue qui tourne, on sent un point d'arrêt et le ressort est tendu suffisamment.

En effet voilà le mouvement qui repart.

« On dirait bien une petite bête qui trotte comme un écureuil dans sa cage. »

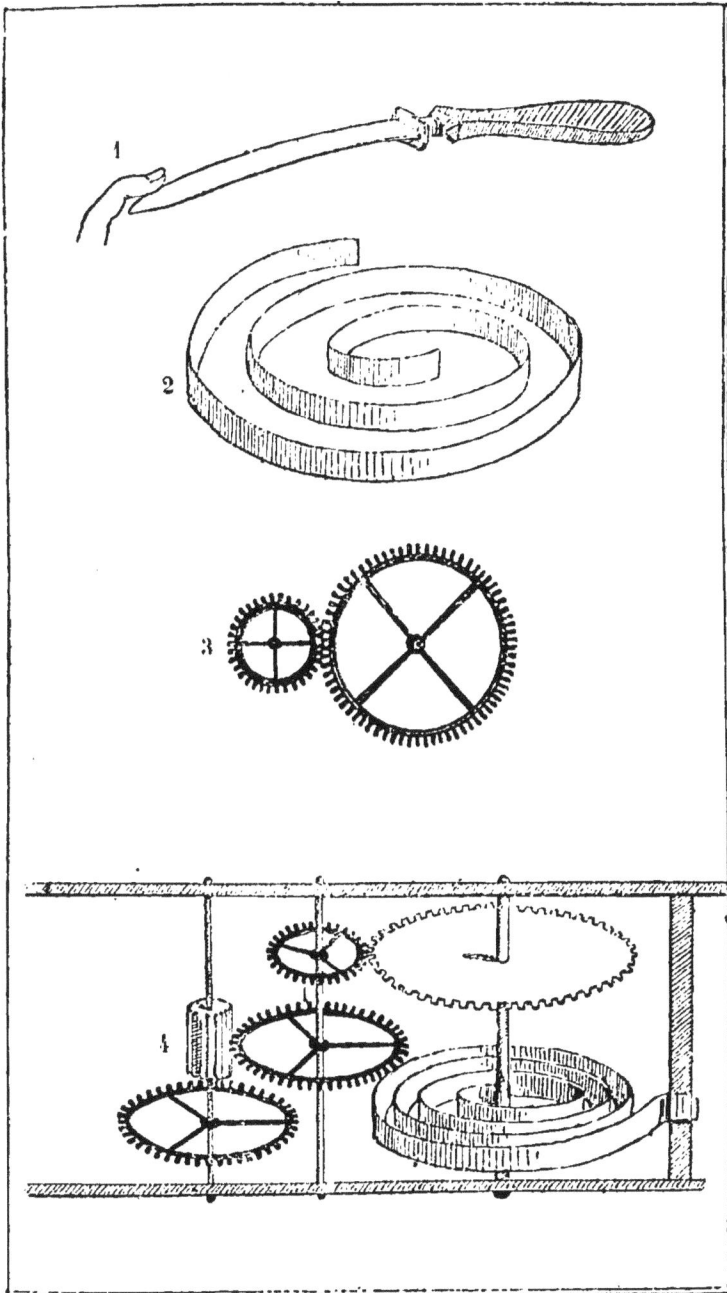

1. Lame flexible. — 2. Ressort. — 3. Engrenage. — 4. Transmission du mouve-
ent du barillet et du ressort.

XXXIV. — LA MONTRE (suite)

« Ce qui reste à t'expliquer, Paul, est un peu plus difficile, mais le dessin que je vais faire t'aidera à me suivre sans trop de difficulté.

Le barillet dans lequel le ressort est accroché porte à son cercle une denture qui se met en mouvement par la pression du ressort et qui entraîne une roue placée sur une tige voisine. Cette roue en fait tourner une autre; cette autre, une troisième, et ainsi de suite : c'est ce qu'on appelle un engrenage.

Le cric qui soulève les grosses pierres, le moulin qui écrase le blé et la grue qui monte les matériaux ont des engrenages que tu pourras voir.

Les roues de la montre sont de différentes grandeurs pour avoir la vitesse des minutes et celle des heures, car tu sais que dans une voiture à quatre roues les petites tournent toujours plus vite que les grandes.

L'aiguille des minutes est fixée à l'extrémité de la tige qui porte la roue des minutes et elle va plus vite que celle des heures. L'aiguille des heures a une tige creuse qui contient la tige des minutes.

De cette façon, les deux aiguilles sont forcées de tourner autour d'un même point.

Encore un mot, petit cousin, et j'ai fini :

Il y a dans la montre un ingénieur qui est chargé de mettre de l'ordre partout et de régler le service; c'est le spiral formé par un autre ressort adapté sur un balancier.

La tige de ce balancier est choquée par la roue à pointes que tu vois et leurs rencontres produisent le tic-tac que, bientôt, tu pourras encore mieux t'expliquer, car je te ferai cadeau d'une montre comme la mienne lorsque tu obtiendras le certificat d'études.

Je prie ton père de me permettre d'avoir aussi une attention pour lui et de m'autoriser à demander dans quelque temps une permission à mon capitaine, afin d'aller poser chez vous une sonnette électrique. »

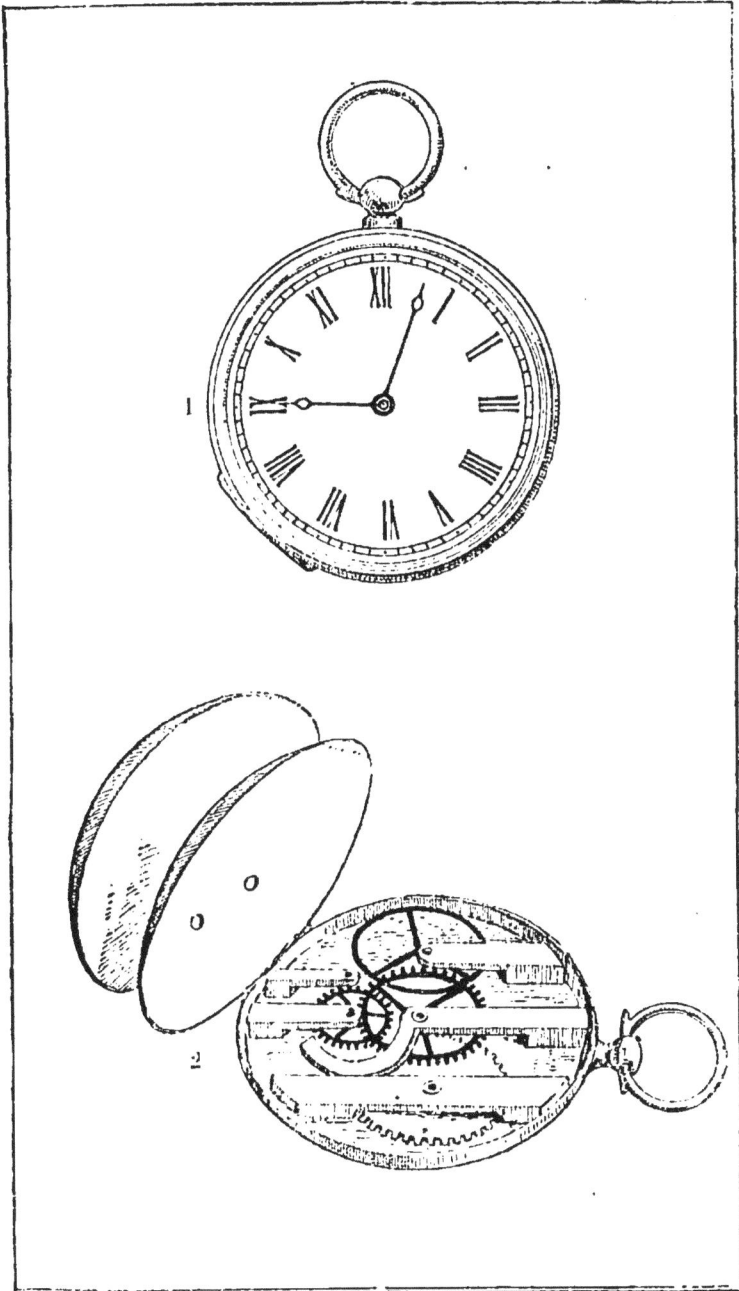

1. Cadran et aiguilles. — 2. Montre ouverte.

XXXV. — LES CHROMOLITHOGRAPHIES

Paul a rapporté de la ville quelques images qu'on lui a données à la porte des magasins.

Ce sont de belles chromolithographies aux couleurs les plus variées et aux fonds les mieux choisis. Plusieurs sont argentées ou dorées, et représentent des sujets de chasse et de pêche.

Il va les classer dans la petite collection qu'il possède déjà et qu'il complète au jour le jour.

Paul sait bien comment l'on imprime et quels procédés on emploie pour obtenir la lithographie ou le dessin sur pierre. Il a lu cela dans d'excellents recueils de son école; et plusieurs fois il s'est arrêté à la porte de l'imprimeur-lithographe pour le regarder à travers les vitres, tirer des épreuves après avoir passé le rouleau d'encre sur les caractères et sur les traits.

Un jour il a même accompagné son père qui a eu besoin de cent cartes de visite à la minute, et il a pu voir que son nom a été composé avec des lettres portant, sculptée en relief et en sens inverse, l'empreinte à obtenir.

Ces types avaient été fabriqués en coulant dans de petites rigoles bouchées à leur extrémité par une matrice, ou morceau de cuivre dans lequel était en creux la forme des lettres, un mélange fondu formé de quatre parties de plomb et d'une partie d'antimoine, métal gris, très brillant, qui entre aussi dans la composition des couverts dits en métal anglais.

Mais Paul n'a vu imprimer qu'en noir et il serait curieux de savoir comment l'on peut obtenir toutes les couleurs de ses chromos.

En lisant ce qui suit, il pourrait peut-être l'apprendre :

La véritable chromo est l'imitation de la peinture. On emploie généralement pour une belle chromo, de 15 à 20 couleurs.

Pour chacune de ces couleurs il faut une pierre spéciale, plus la pierre de trait qui est la première de toutes et sert à mettre les couleurs en place.

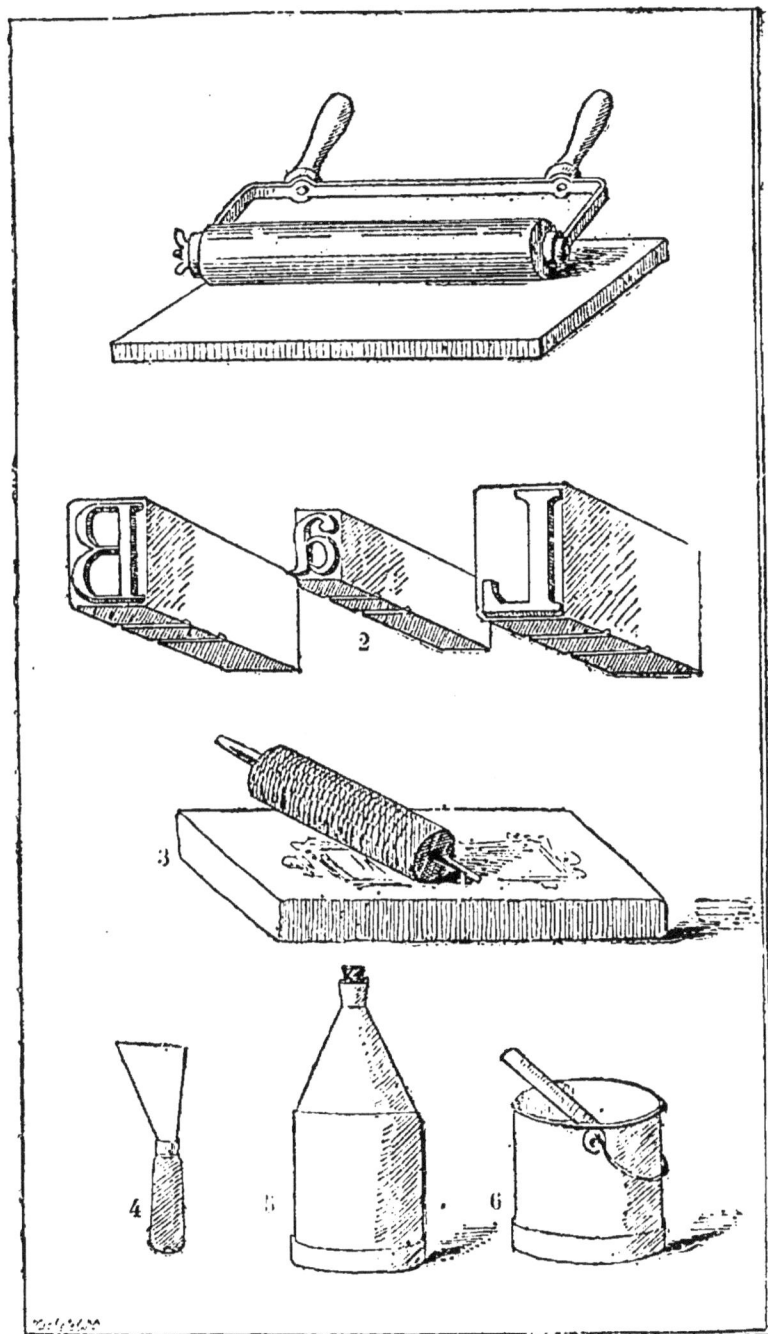

1. Rouleau à encrer. — 2. Caractères d'imprimerie. — 3. Pierre lithographique.
4. Couteau. — 5. Bidon à huile. — 6. Seau et pinceau à couleurs.

XXXVI. — LES CHROMOLITHOGRAPHIES
(SUITE)

Pour constituer la pierre de trait, le chromiste fait un calque du croquis qu'il doit reproduire, en ayant soin de marquer toutes les touches de différentes nuances ou de tons plus ou moins forts.

Ce dessin se fait à la plume et à l'encre lithographique, soit sur du papier végétal ayant été encollé d'un côté à la colle de pâte, soit sur de la gélatine.

Une fois fini, l'imprimeur le décalque sur une pierre et il l'encre comme s'il s'agissait d'une composition en noir; puis, de cette pierre, il fait autant de faux décalques (c'est-à-dire qui ne résistent pas à la préparation) qu'il y a de couleurs dans le croquis à reproduire.

Le chromiste commence toujours par le jaune parce que c'est la couleur la plus opaque, et il touche partout où les autres tons en renferment. Lorsque le ton est dans toute sa force, les couleurs se font en applats ; dans les endroits où il est faible, on le travaille en pointillé. Les dernières couleurs sont les plus fortes.

Quand une couleur est préparée, on la porte à l'imprimeur qui la tire au ton que désire le chromiste; et l'on fait de même pour les autres couleurs qui, étant superposées, forment les tons voulus.

Afin que toutes les nuances soient bien à leur place, on a soin de faire des points de repère sur lesquels l'imprimeur se guide. Les couleurs qui ont été employées dans une chromo sont indiquées en bas pendant tout le temps que dure le tirage : c'est ce qu'on appelle la gamme.

Cette gamme peut avoir toutes les nuances et donner par l'harmonie de ses tons les ensembles les plus charmants.

Quelques-unes de ces petites chromos sont de véritables merveilles d'exécution et de composition où l'ouvrier français excelle par la grâce des détails et par la délicatesse et la poésie de la touche.

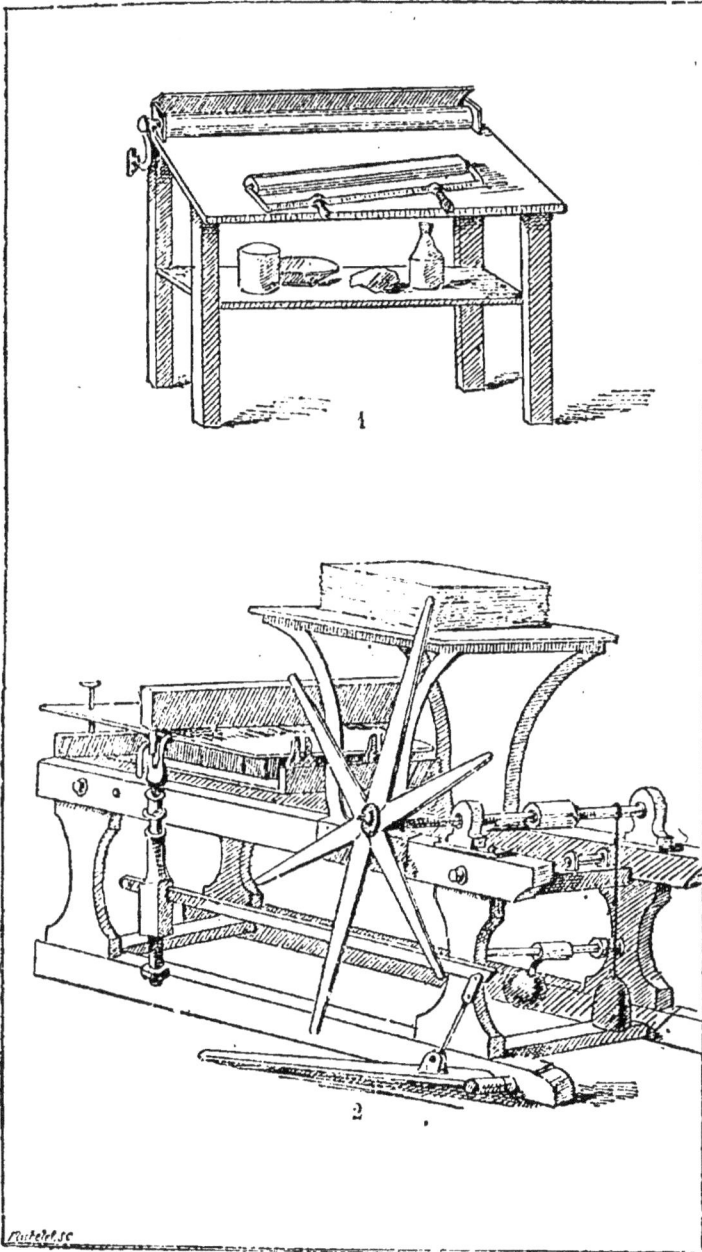

1. Table à encre avec manivelle. — 2. Presse à chromos.

XXXVII. — LA CROIX

Paul a eu une grande joie. Une de ces joies qui marquent une date dans la vie d'un enfant et dont un homme se souvient avec bonheur : Il a eu la croix ! Et la croix de dessin ! !

Paul a été bien surpris quand son maître l'a appelé au bureau. Il est retourné très pâle à sa place et s'est pressé de passer devant ses camarades qui étaient tous debout pour le saluer.

La croix de dessin ! Cela l'étonne...

Paul ne fait pas de jolis dessins. Il ne sait pas copier très minutieusement une estampe, sa main n'est pas habile à reproduire des hachures entrecroisées, il ne peut pas rester longtemps courbé sur sa feuille en analysant tous les détails du modèle, mais il sait à vue d'œil évaluer les dimensions d'un corps, voir où il pose, dans quelle direction il se développe, et d'un coup de crayon bien appliqué y marquer la place de l'ombre et réserver celle de la lumière.

Paul n'ignore pas non plus que la ligne qui forme la base de son dessin se nomme ligne de terre, et que celle qui est à la hauteur de son œil, dans le sens horizontal, s'appelle ligne d'horizon. Il comprend que le point principal de cette ligne d'horizon est celui qui est en face de son regard, et il n'est pas embarrassé pour faire fuir vers ce point toutes les parallèles et toutes les perpendiculaires car il a souvent observé que, sur le boulevard, les becs de gaz et les arbres paraissaient de moins en moins hauts et de moins en moins écartés à mesure qu'ils étaient plus éloignés de lui. Son professeur lui a dit tout haut : « Paul, vous êtes le premier du concours. Votre dessin n'est pas beau, mais il est très exact. »

Paul est heureux car il pense au plaisir que ses parents vont avoir. En effet, lorsqu'il rentre sa mère est toute joyeuse ! Elle choisit un ruban bien frais, le passe dans l'anneau de la croix, coud celle-ci sur la blouse de Paul et dit à son petit garçon : « Quand ton père sonnera, c'est toi qui iras ouvrir la porte. »

Dessin de Paul : 1. Mis en place. — 2. Terminé.

XXXVIII. — LA CROIX (suite)

Paul n'attend pas longtemps. On dirait que son père se doute de quelque chose en montant l'escalier, léger comme un jeune homme.

Il frappe. Paul se présente aussi fier qu'un général qui vient de s'emparer d'une place forte.

Son père le regarde et s'écrie :

« Comment? décoré? à ton âge? Mais viens donc que je t'embrasse! »

Et voilà le pauvre père qui a les larmes aux yeux.

Tout à l'heure c'était Paul qui était tout pâle, maintenant c'est le papa qui va peut-être pleurer.

Décidément, le bonheur peut aller aux simples et aux pauvres. Il est là, tout à côté des braves gens; pour le goûter, il suffit d'être bon et d'aimer sa famille car c'est au coin du foyer que se condensent les plus grandes joies et les meilleures consolations.

C'est auprès du père et de la mère que l'enfant apprend à se donner tout entier et qu'il voit déjà combien l'idée du devoir rend plus sage et plus fort...

Paul est très ému, mais sa maman lui remet vite le cœur en place en disant :

Qu'est-ce que nous allons donner à Paul pour la peine?

Le père devient sérieux car il n'est pas riche et il n'ose faire de promesse; cependant il dit à son fils :

Que veux-tu, mon petit Paul?

Sans hésiter Paul répond :

Papa, je voudrais faire une promenade à âne.

— Très bien, ajoute le père, c'est une affaire convenue.

Justement, la mère Jeannette, la marchande de beurre, est malade depuis quelques jours.

Nous emprunterons son petit âne Bijou, que tu connais bien, puisque souvent il vient manger dans ta main.

Nous donnerons à cette pauvre femme un peu d'argent, et de cette façon, nous ferons une bonne action et nous passerons une bonne journée.

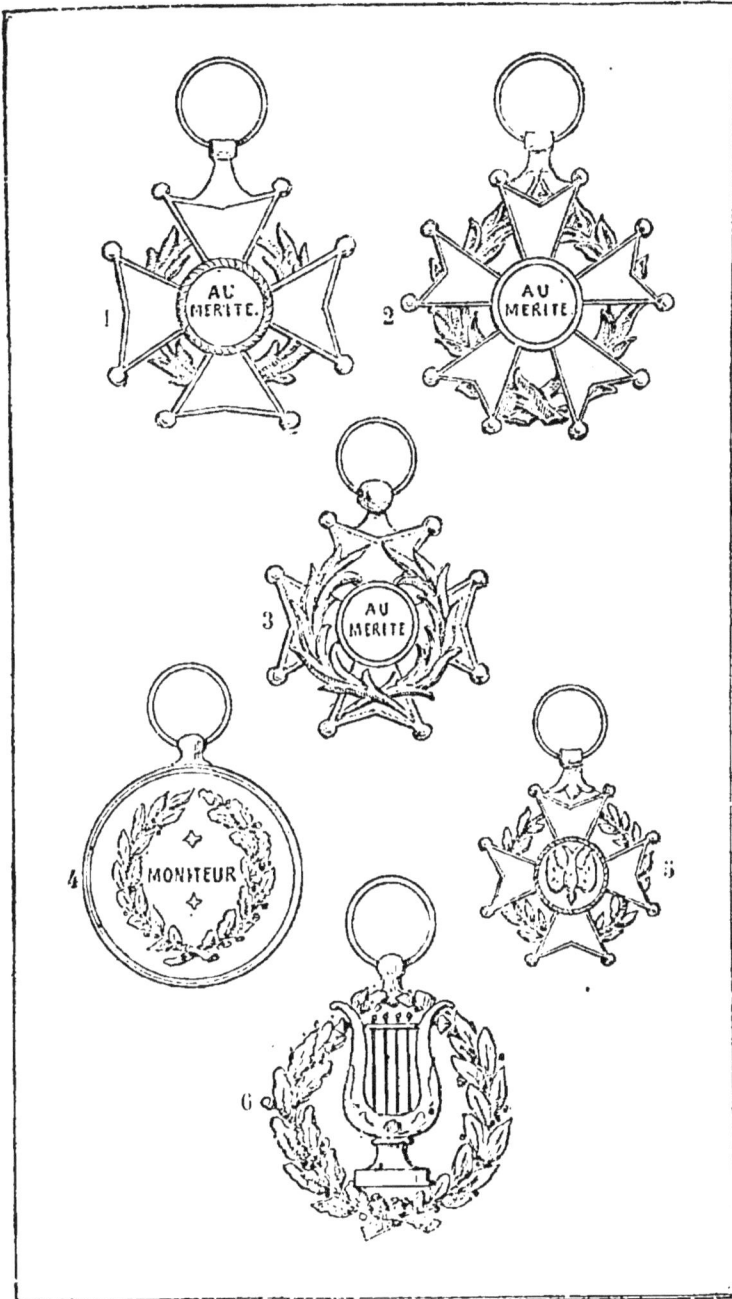

1, 2, 3. Croix pour les compositions hebdomadaires. — 4. Médaille de moniteur.
5. Croix de bonne conduite. — 6. Croix pour les concours de chant.

XXXIX. — LA MÈRE JEANNETTE ET LE PETIT ÂNE BIJOU

La mère Jeannette est une digne femme qui, il y a quelques années, était heureuse, car sans avoir de fortune elle ne manquait de rien.

Son mari possédait une grande ferme qui donnait des œufs, de la volaille, du lait, du beurre; et des champs qui produisaient du blé, du seigle, de l'avoine, de l'orge, de la paille et du foin.

La mère Jeannette avait de l'ordre et de l'économie, et communiquait à tout son monde l'amour du travail et l'esprit d'activité.

Malheureusement, aujourd'hui elle est veuve.

On a vendu sa ferme, sa basse-cour, son bétail, ses terres; et la pauvre femme a été obligée de se retirer dans une petite maison, ne conservant que son âne Bijou dont elle n'a pas voulu se séparer.

C'est son ancien compagnon de route : il l'a souvent conduite à la ville, au marché, à la fête voisine; et il faut ajouter aussi qu'il est fort beau!

Bijou est entièrement gris, à l'exception de son front où brille une large étoile d'un noir d'ébène. Ses yeux sont un peu saillants, mais son regard est d'une douceur extrême. Ses jambes sont fines et ses sabots unis.

Tous les matins il est brossé, sa litière est renouvelée, sa mangeoire lavée, ses harnais entretenus, et il part porter les provisions dans les villages voisins.

On entend sa clochette tinter le long des chemins pendant que sa maîtresse, les bandeaux bien lisses et un tablier blanc au corsage, va de maison en maison offrir du beurre et des œufs.

Tous deux ont un air si simple et si engageant qu'ils ne rencontrent que des amis; et quand le soir est venu, ils rentrent ensemble fatigués, mais toujours contents.

La mère Jeannette se dit alors tout bas :

« Quand on a le nécessaire et qu'on emploie honnêtement sa journée, on est aussi heureux qu'on doit l'espérer. »

La maison de la mère Jeannette et son petit âne Bijou.

XL. — LE CHEMIN CREUX.

Bijou finissait de manger un picotin d'avoine quand Paul et son père entrèrent dans l'écurie. Entendant du bruit, il tourne la tête, reconnaît son ami et se met à braire de façon à ébranler toute la maison. Paul le calme en lui donnant de petites tapes sur le cou et il commence à lui mettre ses harnais ; puis il le sort dans la cour, coupe une badine fine et flexible, saute sur son dos, et après avoir dit : au revoir à la mère Jeannette, il part.

La chaleur est déjà accablante quoique le soleil ne soit pas encore bien haut sur l'horizon. On sent que la journée va être lourde ; aussi se dirige-t-on vers un chemin creux, bordé de chaque côté par des haies vives et de grandes herbes sauvages, où tombent avec un bruit de cascade de minces filets d'eau échappés de la montagne.

Au bout du ravin doit se trouver une vallée traversée par un ruisseau qui se perd dans les prairies voisines.

Bijou marche sans se presser. Paul le touche de temps en temps avec sa baguette, mais si doucement, que c'est plutôt une caresse qu'un châtiment.

Cependant à un certain endroit, l'âne s'arrête et va tranquillement brouter une grosse touffe de chardons qui lui font envie.

Paul est étonné de cette fantaisie, mais son père lui assure que le chardon est une herbe qui, pour certains animaux, a fort bon goût et il ajoute :

« L'artichaut que tu manges à l'huile et au vinaigre est de la même famille. Tu regarderas la forme de ses feuilles, je te dessinerai sa fleur et tu verras que le chardon, l'artichaut et même le joli bluet que tu aperçois dans ce champ de blé sont des cousins germains. »

Bijou pour compléter son repas prend ensuite du gazon et des tiges garnies de graines ressemblant à l'avoine et à l'orge qui poussent sur la hauteur. « Ce sont des graminées, dit le père de Paul, qui coupe une des plus grosses tiges, y fait avec son canif une ouverture près des nœuds et se met à souffler dedans en jouant un air de musette.

Bijou redresse alors la tête et repart tout en se dandinant au son de la musique.

1. Artichaut. — 2. Graminée. — 3. Chardon.

5.

XLI. — LE RUISSEAU

On arrive ainsi dans la vallée et on y fait une halte. Paul prend l'âne par la bride et le conduit au bord du ruisseau.

Allons! dit-il, bois : cela te rafraîchira!

Bijou baisse la tête, flaire l'eau un instant et se retourne.

Paul le voyant, insiste :

Mais bois donc!

L'animal s'incline de nouveau, fait un demi-tour sur lui-même et va se mettre à l'ombre d'un gros noyer pour achever son dîner interrompu.

Le père de Paul, qui a observé ce petit manège, s'approche et dit : « Bijou a raison. Mets-toi à genoux à côté de moi et regarde dans le ruisseau. Tu y verras une quantité de bêtes qui s'agitent dans des herbes à moitié pourries. Cette eau n'est pas saine; et pour en avoir la preuve, plonges-y ta main et dans le creux prends quelques-uns de ces animaux.

— Jamais je n'oserai! dit Paul effrayé.

— Allons donc! répond le papa. Et saisissant le bras de son fils, il l'enfonce dans l'eau et ramène deux ou trois têtards.

Ces petites bêtes ressemblaient un peu à des poissons. L'une avait une grosse tête et une longue queue ; l'autre, une tête et des pattes de derrière seulement ; et la dernière, une queue, deux pattes de derrière et deux pointes indiquant que les pattes de devant allaient se former à côté des yeux.

Ces têtards sont maintenant des crapauds qui ont quitté le ruisseau.

Le père les a rejetés et a tiré du limon une poignée de renoncule au feuillage gracieusement découpé. On dirait vraiment une branche de vigne sauvage sortant de l'eau avec ses fleurs d'un blanc jaunâtre,

Paul en a trouvé les feuilles très jolies, mais il s'est gardé de les porter à sa bouche, car il a appris que c'est un poison dangereux. Seulement après avoir réfléchi un instant il est retourné vers Bijou et lui a dit en lui touchant le naseau :

« Tu as bien fait de ne pas boire.

« Tu es un âne... mais tu n'es pas bête! »

1. Œuf de grenouille. — 2. Têtards. — 3. Grenouille. — 4. Crapaud. — 5. Renoncule.

XLII. — LA VALLÉE

La vallée est très large et le sol en est ferme. De petits cours d'eau la traversent et sont arrêtés de distance en distance par des barrages dont Paul soulève doucement la vanne pour se faire une idée de ce que doit être l'écluse d'un canal.

Il cueille les fleurs bleues de la jacinthe sauvage, les jaunes et les blanches des narcisses, et en les prenant arrache quelquefois sans le vouloir leur tige tout entière.

Il est alors surpris de la voir terminée par un oignon à peu près semblable à celui du lis des jardins.

Son père en profite pour lui faire établir la comparaison entre la jacinthe, l'oignon ordinaire, l'ail, l'échalote et le poireau, et pour lui apprendre que toutes ces plantes peuvent être classées dans la famille du lis et s'appeler liliacées.

Paul prend beaucoup de goût à ces recherches et il ne se laisse pas arrêter par un léger accident qui lui arrive :

En coupant une jacinthe, il se pique tout le dessus de la main avec des orties, et plus il se gratte, plus la démangeaison augmente.

Il en appelle comme toujours à son papa qui presse un peu sur la peau et la lave à l'eau fraîche.

Paul est vite soulagé, car la piqûre de l'ortie a quelque analogie avec la morsure de la vipère :

La vipère a deux dents creuses traversées par un canal communiquant avec une glande qui se comprime et se vide dans la plaie.

L'ortie a de petits poils aboutissant à des réservoirs d'un liquide qui enflamme la peau en la touchant.

Le poivre qui pique si bien la langue est un parent de l'ortie.

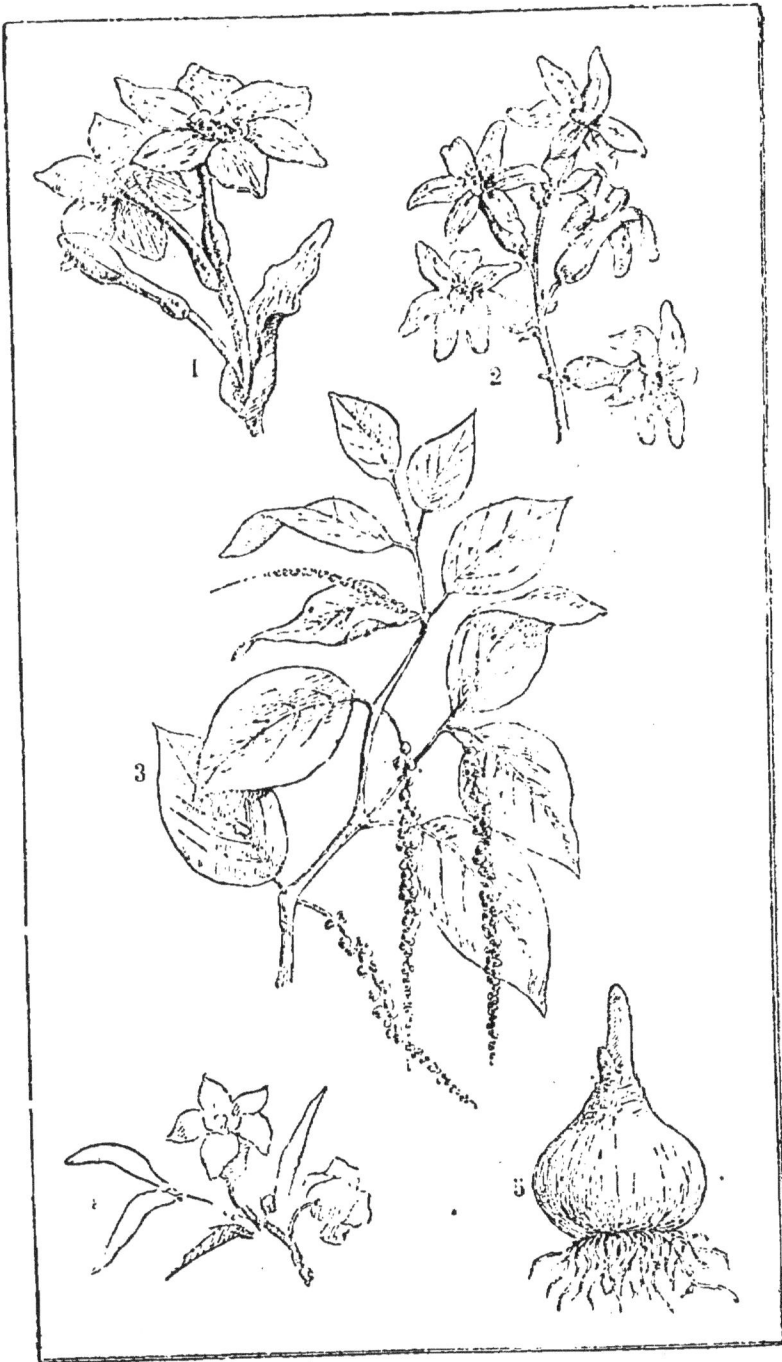

1. Narcisse. — 2 et 4. Jacinthe. — 3. Poivre. — 5. Bulbe ou oignon des Liliacées.

XLIII. — LA VALLÉE (suite)

Paul s'étonne qu'on puisse apprendre tant de choses intéressantes en se promenant dans la campagne et il cherche à s'instruire encore davantage.

Il voit, en passant, une herbe surmontée de larges fleurs vertes et il la prend en disant : Regarde donc ce beau persil?

N'y touche pas, s'écrie le père, c'est la ciguë, d'autant plus dangereuse qu'elle ressemble à une autre plante utile. Examine-la bien pour la reconnaître une autre fois : sa couleur est très foncée, ses taches sont larges et d'un rouge noirâtre, et en la serrant entre les doigts elle dégage une odeur toute spéciale.

La forme de ses feuilles et de sa fleur t'a trompé, car la ciguë, la carotte, le céleri, le panais et le persil s'épanouissent comme le dessus d'un parasol.

Ce sont des ombellifères.

Tu ferais mieux, Paul, de monter sur cette pente sablonneuse et de me rapporter quelques-unes de ces belles fougères pour entourer notre bouquet. Elles sont d'une légèreté et d'une grâce incomparables. Leurs feuilles sont découpées comme de la dentelle et leur pied paraît à peine toucher le sol. Si tu veux nous les dessinerons ce soir car elles se faneront vite.

A les voir, on ne croirait pas que presque toute la houille qui se trouve dans les profondeurs de la terre a été fournie par des masses de grandes fougères enfouies au moment des bouleversements du globe. On en a cependant la preuve dans les mines où, en brisant les blocs de charbon de terre, on retrouve souvent l'empreinte très nette de ces plantes disparues.

Mais ne nous éloignons pas davantage. Hâtons-nous même de partir, car voilà le temps qui se couvre. De gros nuages noirs rasent la colline et il me semble avoir entendu un coup de tonnerre.

Nous allons avoir un orage.

Prends Bijou et dirigeons-nous vers les carrières

Je vois là-bas le cantonnier qui casse des cailloux sur la route. Il nous indiquera un endroit pour nous mettre à l'abri.

1. Grande ciguë. — 2. Fougères.

XLIV. — L'ORAGE

C'est bien un orage qui se prépare : le vent devient violent et chasse la poussière dans toutes les directions, les branches ploient sous la tourmente et les feuilles tombent de tous côtés.

On dirait que la large et vigoureuse main de la nature secoue la terre comme un tronc d'arbre et rejette tous les faibles et les incapables.

On commence seulement à apercevoir quelques éclairs et à entendre le tonnerre, mais la pluie ne tombe pas encore.

Paul a peur. Son père est obligé de le rassurer et de chercher à le distraire :

Je te promets, lui dit-il, que l'orage est éloigné car nous avons entendu le tonnerre longtemps après avoir vu l'éclair ; et comme le son a dû mettre un certain temps avant d'arriver jusqu'à nous, les nuages orageux ont une grande distance à franchir avant d'être au-dessus de nos têtes.

Tiens, Paul, regarde ce chasseur qui traverse la plaine à grands pas. Il ajuste un gibier. Il va tirer... Vois-tu l'éclair sortir du canon ?

Écoute maintenant le bruit du coup de feu... Tu as attendu parce que le son ne parcourt en moyenne que 340 mètres par seconde et ne se propage pas aussi vite que la lumière.

Maintenant prends ce petit caillou. Jette-le dans cette mare d'eau tranquille, observe comment il se forme autour du point où il est tombé une série d'ondes ou de cercles concentriques qui vont toujours en se développant, et tu pourras te faire une idée de la propagation des ondes sonores dans l'air.

Arrête un instant Bijou.

Tourne-toi sur la droite en face du grand mur de ce parc et crie de toutes tes forces : « Paul, où es-tu ? »

Tu vas entendre ces mots répétés par l'écho. Ce seront les ondes sonores qui reviendront réfléchies ou renvoyées vers nous.

Mais prenons vite notre pas de course. Je sens de larges gouttes d'eau et dans quelques minutes l'orage sera dans toute sa force.

Ondes sonores. — Ondes liquides.

XLV. — LA CARRIÈRE

Il était temps d'arriver et d'entrer dans une de ces grandes excavations qu'on trouve dans les carrières et qui sont produites par les extractions de blocs de pierre dont les couches s'étendent en masses compactes et profondes.

Là, Paul et son père verront sans danger le développement imposant de l'orage :

La pluie tombe à torrents, les éclairs brillent dans tous les sens, le tonnerre roule avec fracas et il semble que la terre tout entière va se soulever pour se confondre avec le ciel dans un craquement effroyable. Le vent est surtout terrible. Il arrache de jeunes chênes et déracine un vieux peuplier qui se couche, comme un géant qui serait vaincu.

La foudre tombe plusieurs fois. Paul la distingue très bien.

Et peu à peu il s'enhardit tout en éprouvant une émotion qu'il ne peut surmonter tout à fait. Il tremble... Mais l'orage le charme par sa force et sa puissance. Son père lui montre que l'éclair se dirige de préférence vers tous les corps pointus, tels que la cime des arbres, et que les coups de tonnerre les plus fréquents paraissent venir des endroits où l'air forme un courant très fort.

Il lui dit que l'éclair est de l'électricité, que cette électricité se trouve dans la terre et dans tous les corps qui la touchent, et que la foudre jaillit quand l'électricité du nuage rencontre celle du sol.

Il ajoute que le tonnerre n'est que le bruit produit par le choc de ces deux électricités, et qu'il arrive fréquemment que dans la combinaison de deux autres corps on entende le même phénomène.

Pour lui en donner une idée apparente son père prend son briquet de sûreté, frotte le bout d'une allumette sur le côté de la boîte où se trouve étendu un peu de phosphore, et immédiatement un petit bruit et un éclair se produisent.

« C'est du chlorate de potasse qui fait explosion. »

La carrière et le vieux peuplier déraciné par le vent.

XLVI. — UNE HEUREUSE RENCONTRE

Après toutes les fortes secousses physiques, la nature et l'homme ont besoin de reprendre haleine et de se reposer un instant : Après l'orage est venue l'éclaircie, puis le soleil et le beau temps.

Paul et son père en ont profité pour quitter leur refuge et revenir vers la ville. Ils marchent bien à l'aise et respirent à pleins poumons : il y a de l'ozone dans l'atmosphère.

Encore une centaine de mètres, le père et l'enfant seront rentrés à la maison. La journée, en somme, a été bonne ; et tout en allant, ils font déjà le projet de recommencer une autre promenade, quand ils entendent crier : « Tiens, Paul et son père ! »

C'est le cousin Lucien qui arrive pour passer quarante-huit heures chez son oncle et pour poser la sonnette électrique qu'il a promise.

Paul court au-devant de lui, et en l'embrassant s'empresse de lui dire : « Cousin, tu aurais dû venir plus tôt. Tu aurais eu de l'électricité pour ta sonnette. »

Lucien le regarde et lui répond vivement : « Tu parles comme un petit ignorant, et tu ne tarderas pas à savoir qu'on peut produire et régler l'électricité comme on règle une lampe ou un bec de gaz. Je peux me passer de l'électricité de l'orage qui, même, dérangerait peut-être la sonnette, car j'en ai une provision dans ma malle que la diligence apportera tout à l'heure. »

Le père a écouté cette conversation et n'a rien dit. Il a préféré se taire et a eu raison. Lui-même ne comprend pas le jeu de la sonnette électrique, et il a l'excellente habitude de ne jamais rien expliquer sans montrer l'objet dont il parle, ou l'image de la chose dont il cause. Il est homme, mais pour certains cas il est resté un grand enfant.

Comme il voudrait bien être encore aussi jeune que Paul, avoir de bons maîtres comme les siens, et vivre pendant une époque où tant d'efforts généreux contribuent à l'instruction populaire !

C'est lui qui travaillerait avec courage !

« Tiens, Paul et son père !! »

XLVII. — LA MALLE DE LUCIEN

Après être arrivé à la maison et s'être un peu reposé, Lucien va avec Paul chercher sa malle, et lui recommande de la porter avec de grandes précautions et de la poser bien doucement dans sa chambre à coucher.

Paul la prend en se demandant ce qu'elle peut contenir de si fragile et de si mystérieux. Il ne tarde pas à le savoir car à peine rentré Lucien lui dit d'un ton bref :

« Pose cette valise à terre et prépare-toi à m'aider à déballer mes affaires, nous n'avons pas de temps à perdre. »

Paul regarde son cousin et reste immobile, tout étonné de s'entendre parler si brusquement.

Le sergent voit alors qu'il a été un peu vif et il le regrette, car il n'est pas méchant, au contraire il est bon, délicat et aimé de ceux qui le connaissent ; mais l'habitude de commander aux soldats de sa batterie lui a donné une voix ferme et une parole nette et concise. En peu de mots, il doit se faire obéir, comprendre et respecter.

Lucien, du reste, est tout de suite touché de l'embarras de Paul et lui frappe familièrement sur l'épaule en disant :

« Allons, mon petit conscrit, commençons. »

Ils ouvrent ensemble la malle et en retirent un vase de verre, un cylindre de charbon enveloppé d'un vase poreux, un bâton de zinc surmonté d'un serre-fil, un flacon contenant 60 grammes de sel ammoniac et une bobine de fils de cuivre entourés de coton vert ou rouge.

Puis quand tout est bien posé sur la table Lucien dit à Paul : Apporte-moi de l'eau ; nous allons obtenir de l'électricité.

— Mais, répond Paul, je ne vois pas ta sonnette.

— Tu es bien pressé, réplique Lucien ; tu y toucheras tout à l'heure ; commençons par le principal, le complément se fera plus tard.

A la guerre, avant de tirer un coup de canon il faut d'abord préparer la charge.

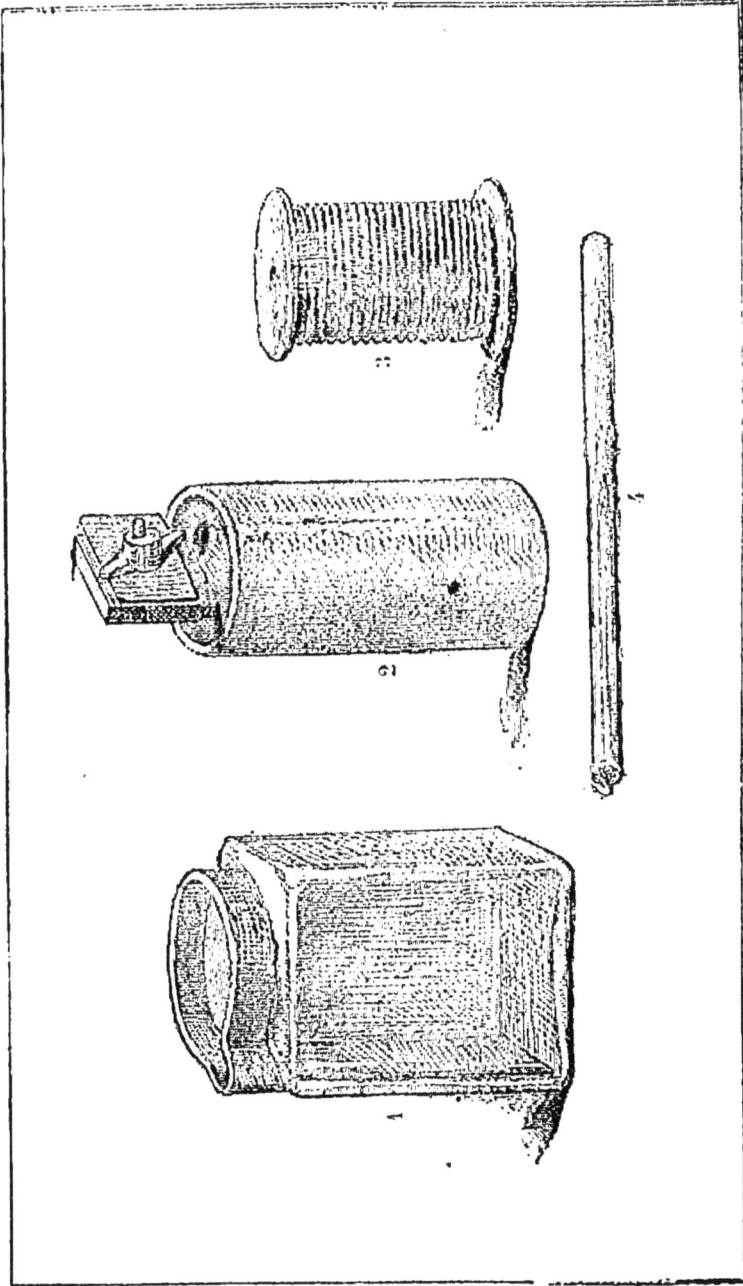

1. Vase de verre. — 2. Cylindre de charbon et vase poreux. — 3. Bobine de fils de cuivre. — Bâton de zinc.

XLVIII. — LA PILE

— Donne-moi l'eau, ou plutôt verse-la toi-même dans le vase de verre.

Bien.

Mets le sel ammoniac et agite un peu pour dissoudre. Prends le cylindre de charbon, enfonce-le dans le liquide et à côté place le bâton de zinc.

Est-ce fait ?

— Oui.

— Très bien. Notre pile est maintenant montée : dans quelques instants nous pourrons nous en servir.

Écoute-moi en attendant que la dissolution du sel soit complète :

Tu as déjà vu la maman nettoyer les casseroles de sa cuisine avec une eau appelée eau de cuivre, et tu as pu t'apercevoir que cette eau ne nettoie les ustensiles qu'en usant le métal.

Le zinc, comme le cuivre, peut être rongé par certains corps.

L'eau, acidulée par le sel ammoniac, l'attaque en lui faisant dégager une électricité contraire à celle qui se produit en même temps dans le liquide.

Il se forme ainsi deux courants dont les éclairs que tu as vus pendant l'orage peuvent te donner une idée.

Maintenant dévide les fils.

Un peu plus vite.

Enlève l'enveloppe de coton; mets le cuivre à découvert et attache un fil vert au serre-fil du zinc, et un rouge sous la vis du charbon.

Serre fortement pour que le cuivre touche bien et que nos fils deviennent de bons conducteurs de l'électricité, et va chercher la sonnette dans le second compartiment de ma malle.

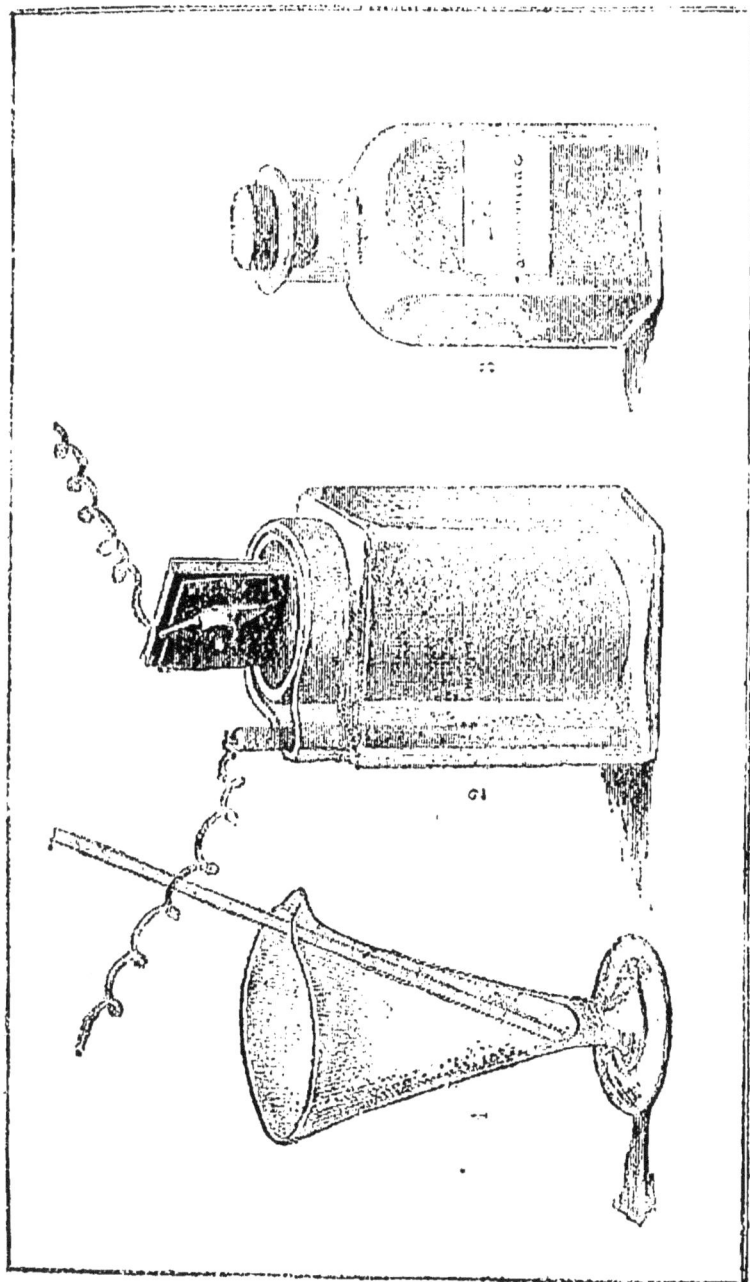

1. Verre et baguette. — 2. Pile montée. — 3. Flacon de sel ammoniac.

XLIX. — LA SONNETTE ÉLECTRIQUE

Tu vois la distribution des pièces : le timbre, le marteau, la petite bande d'acier flexible qu'en touchant on fait trembler, et les deux morceaux de fer ayant la forme de l'aimant dont tu te sers pour attirer des plumes, des aiguilles, des clefs, des clous et toutes sortes d'objets en fer.

Donne-moi ton aimant et demande à ta maman une aiguille à tricoter.

Nous allons nous amuser à la faire aller et venir.

Quand l'aimant est tout près, l'aiguille avance; mais elle s'arrête lorsque l'aimant s'éloigne un peu trop.

Attache un fil au milieu de l'aiguille et laisse-la s'approcher et se coller sur l'aimant.

Tire-la doucement, et lâche-la de nouveau.

Recommence.

C'est bien cela : chaque fois que tu détaches l'aiguille de l'aimant, il cesse de l'attirer; mais aussitôt que tu abandonnes le fil, l'aimant la rappelle.

Il s'établit ainsi comme un jeu de navette. Ce mouvement n'est pas très accéléré, parce que notre aimant est faible et que la traction est douce; mais nous pouvons en appliquer l'observation à la mise en marche de notre sonnette en faisant passer dans ses aimants un courant électrique qui va leur donner une grande force.

Il suffira pour cela d'attacher notre fil rouge à la première borne, et notre fil vert à la deuxième, et de faire circuler l'électricité par tous ces fils qui enveloppent les deux morceaux de fer doux.

A peine aurons-nous le temps de serrer les vis que le carillon commencera :

« Drelin ! drelin ! drelin ! drelin ! »

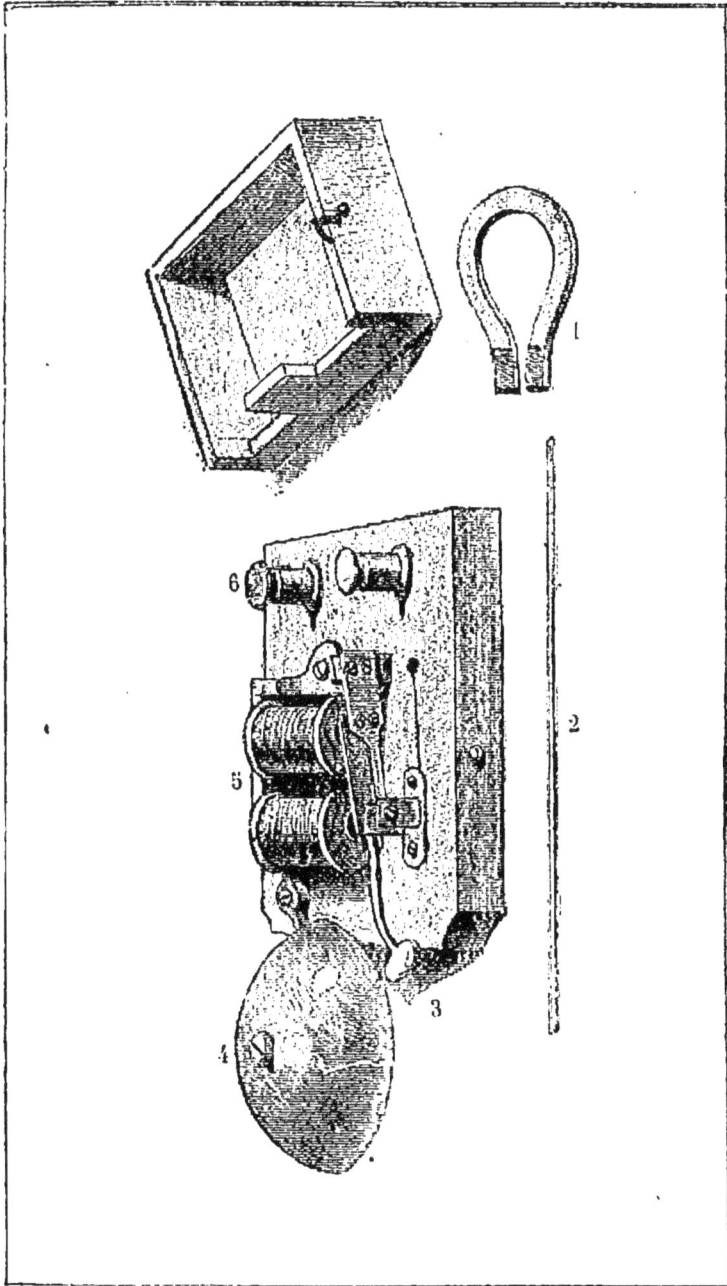

1. Aimant. — 2. Aiguille à tricoter. — 3. Marteau. — 4. Timbre. — 5. Electro-aimant. — 6. Bornes.

L. — LA SONNETTE (suite).

Examinons de près ce qui se passe.

Le marteau tremble, tellement il va vite.

On le voit aller du côté des aimants, puis reculer vers la bande flexible qui, comme un ressort, le renvoie jus-qu'à ce qu'il revienne de nouveau et reparte encore.

L'électricité circule partout.

Regarde la petite étincelle qui brille au milieu du mouvement. C'est l'éclair, mais l'éclair discipliné et soumis, au lieu de la foudre ravageant la campagne.

C'est très curieux… Surtout, Paul, n'aie pas peur. Il n'y a aucun danger. Si tu veux, tu vas même imiter Jupiter, et diriger le tonnerre.

Desserre cette vis et tire le fil : tout s'arrête

Remets-le en place : tout repart.

Recommence. C'est très amusant, n'est-ce pas ? Cependant il ne faut pas que nous gênions les voisins.

Notre sonnette est montée. N'y touchons plus.

Prenons un des fils, le rouge, par exemple, et coupons-le au milieu de façon à avoir un silence complet.

Notre orage est passé.

Rapprochons, un instant seulement, les deux bouts coupés. La sonnette va repartir.

Vraiment ! l'électricité obéit plus vite que les petits garçons. Mais il serait mieux de ne pas laisser séparés ces deux bouts de fil.

J'ai apporté à cet effet un gros bouton qui va nous servir.

Prends-le et rends-toi bien compte qu'il se compose de deux parties vissées l'une sur l'autre, et que dans son intérieur se trouvent des ressorts qui doivent communiquer l'un avec le fil venant du charbon de la pile, et l'autre avec le fil venant de la sonnette.

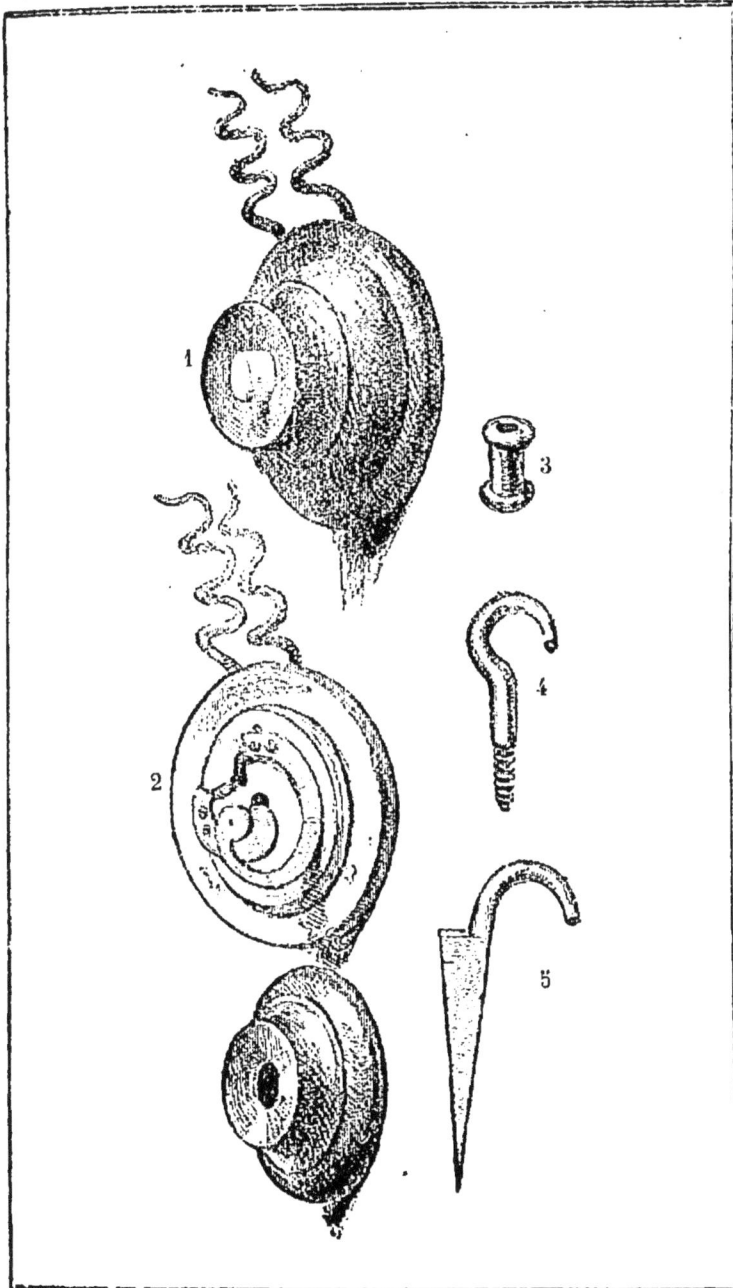

1. Bouton d'appel fermé. — 2. Bouton ouvert. — 3. Isolateur. — 4 et 5. Crochets pour la pose des fils.

LI. — LE RÉVEIL

Pour attacher ces fils après les ressorts, on les passe entre les deux vis que tu vois, et on les serre un peu en évitant de les mettre en contact.

On referme ensuite le bouton, et il suffit d'appuyer sur la petite boule d'ivoire qui se trouve au milieu, pour faire toucher les deux ressorts, passer le courant électrique dans toute la sonnerie et frapper le marteau sur le timbre autant de fois que l'on appuie sur le bouton.

Essaye... Nous avons bien réussi.

Il ne nous reste qu'à placer la sonnette dans la chambre de tes parents et le bouton dans la tienne à côté de ton oreiller.

Si tu étais malade pendant la nuit, tu pourrais appeler ta maman; mais j'espère que tu t'en serviras plus souvent pour annoncer ton joyeux réveil, après une de ces bonnes nuits qu'on passe si bien à ton âge. »

Paul se couche émerveillé et se promet de se réveiller de bonne heure pour faire fonctionner sa sonnette lorsque ses parents seront levés.

Lucien s'en doute : le lendemain matin il fait le dormeur, et reste dans son lit.

Paul le regarde, fait un signe à son père et commence.

Aussitôt Lucien se dresse en sursaut sur son séant et s'écrie en se frottant les yeux :

— Tu m'as fait peur ! Je croyais que le tonnerre tombait sur la maison !

Je vois que notre appareil va bien.

Aussi allons-nous nous habiller et faire un tour dans le bois pendant que ta maman s'occupera du déjeuner, car je ne pourrais pas me rendre utile dans le ménage.

— Mais si, cousin, répond tout de suite Paul. Tu pourrais, toi qui connais la mécanique, réparer la serrure de la porte car papa disait avant-hier qu'il ferait venir un ouvrier.

— Très volontiers, dit Lucien.

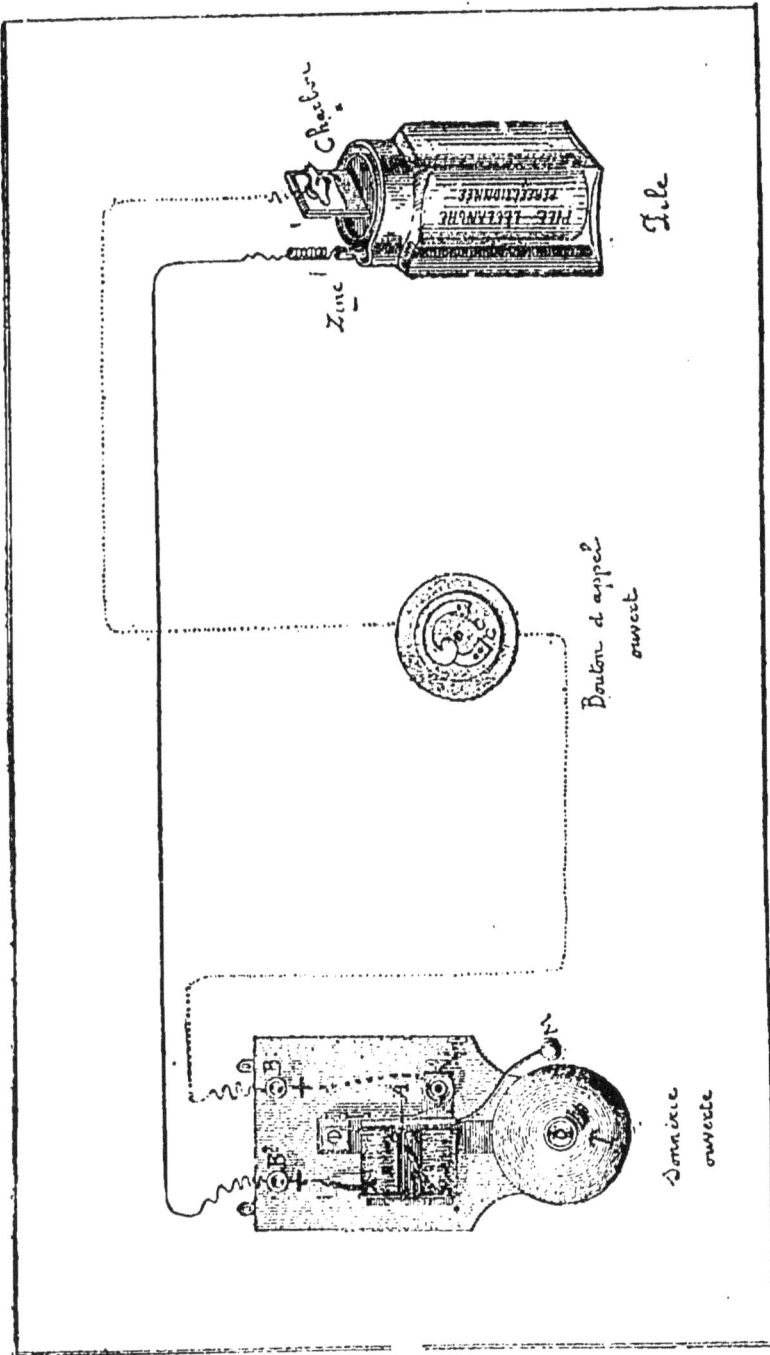

Sonnette, bouton et pile en communication.

LII. — LA SERRURE

Passe-moi mes outils, je vais démonter la serrure. Je retire d'abord les quatre vis qui la fixent sur la porte, puis la goupille qui bouche un des trous de la tige carrée reliant les boutons, et ensuite je tire fort pour l'enlever.

La voilà.

Je détache maintenant la plaque qui recouvre le mécanisme, et je trouve dans l'intérieur :

Le gros pêne dormant (P) et le petit pêne qui se prolonge en une surface ouverte dont un côté reçoit un morceau de cuivre nommé fouillot.

Ce fouillot est garni d'un cercle au centre duquel est percé un carré où s'emboîte la tige des boutons (T).

En enfonçant cette tige et en faisant tourner les boutons, je tire le petit pêne tout entier et j'ouvre la porte.

Au contraire, en lâchant les boutons, je laisse entraîner le pêne par un ressort à boudin (R) et je la referme.

Paul, votre serrure n'est pas cassée.

Toutes les pièces sont à leur place.

Elles fonctionnent mal parce qu'elles sont rouillées.

Je vais les passer au papier d'émeri avec une goutte d'huile et donner un mouvement de main pour graisser.

Mais auparavant je crois que je ferais bien d'essayer la clef.

Je l'entre par cette ouverture (O) qui reproduit exactement son dessin, et je la pousse sur le gros pêne maintenu par un ressort à gorge.

La clef soulève cette gorge, va s'appliquer sur l'un des crans qu'on a découpés et en tournant fait sortir la fermeture.

Cousin, une autre fois, il faudra faire cela toi-même.

Tu devrais t'habituer à manier les outils les plus usuels et économiser ainsi une quantité de petites dépenses qui, répétées souvent, grossissent le budget de la famille.

Allons! un roulement de sonnette en l'honneur du serrurier!

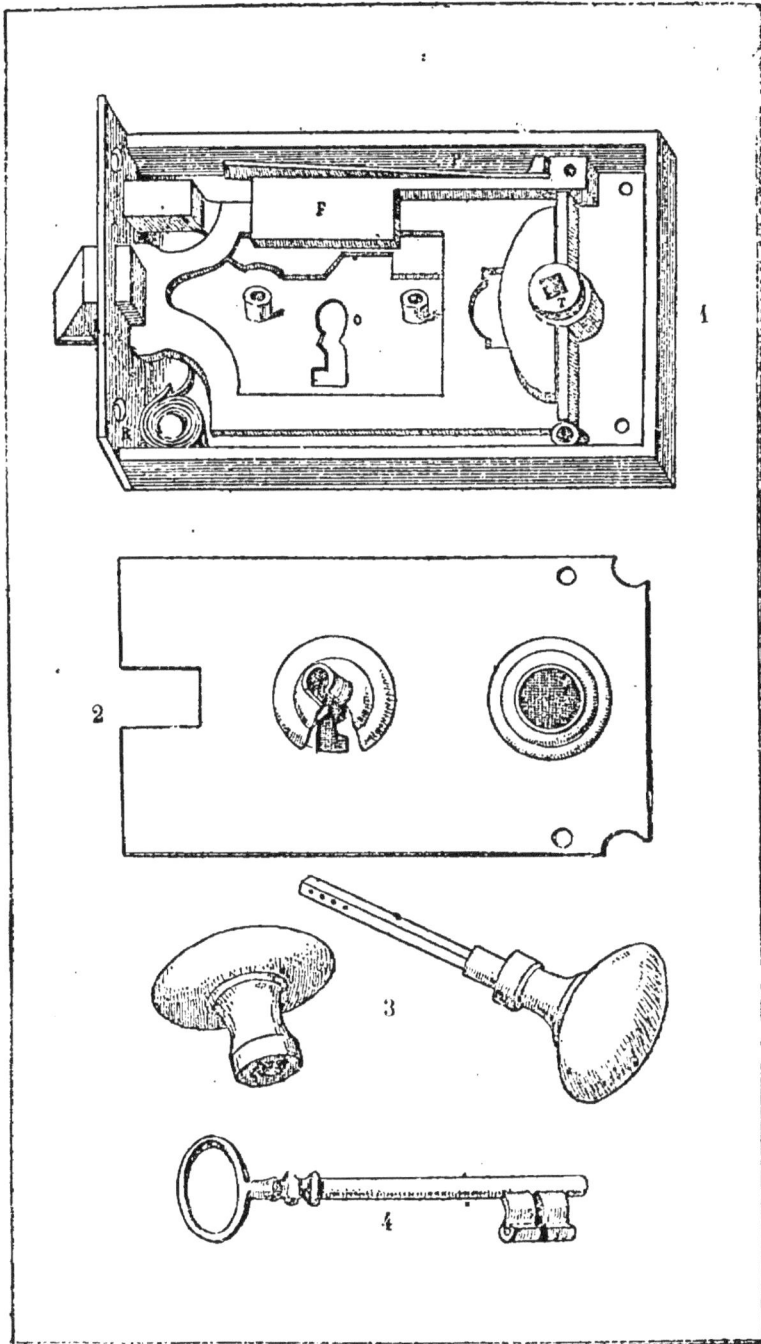

1. Mécanisme de la serrure. — 2. Plaque. — 3. Boutons séparés pour montrer la tige carrée. — 4. Clé.

LIII. — LE DÉPART

La matinée s'est passée. L'heure du repas est arrivée.

Le temps s'écoule et l'on est si heureux de se trouver réunis qu'en voyant Lucien se lever et dire : « Il faut que je vous quitte si je ne veux pas me faire punir à la caserne », tout le monde s'écrie : « Comment, cousin, déjà nous séparer ? »

Lucien explique qu'il a 3 kilomètres à faire à pied avant de prendre le chemin de fer et qu'il voudrait les parcourir posément en faisant avec ses parents un détour par la forêt.

On part donc ensemble ; et d'abord on se sent un peu triste, mais le grand air et la gaieté naturelle du sergent ramènent bientôt la bonne humeur.

Les deux hommes marchent en arrière afin de mesurer leur pas sur celui de l'enfant et de la mère ; et ils causent de l'armée, des écoles, du pays.

Par moments Lucien s'anime, fait un geste et montre du doigt l'horizon.

On dirait qu'il voudrait voir le drapeau français flotter plus loin, là-bas, vers l'Est...

Puis la conversation languit ; on sent que les idées sombres s'emparent du soldat.

Il va falloir se séparer. On y songe avec regrets.

Se reverra-t-on ?

Heureusement, Paul appelle son père en criant :

« Viens donc voir dans l'herbe ces drôles de bêtes ! »

Lucien et son oncle courent, remuent les feuilles et découvrent de jolis insectes au corps bronzé ou vert doré, et dont quelques-uns sont violets et cuivreux.

Ils ont de la peine à les saisir tellement ils sont agiles ; enfin ils parviennent à en tenir deux ou trois, mais ils s'empressent de les rejeter à cause de leur odeur fétide.

Paul voudrait les tuer. Son père l'en détourne en lui apprenant que ce sont des carabes qui détruisent un grand nombre de larves et de chenilles.

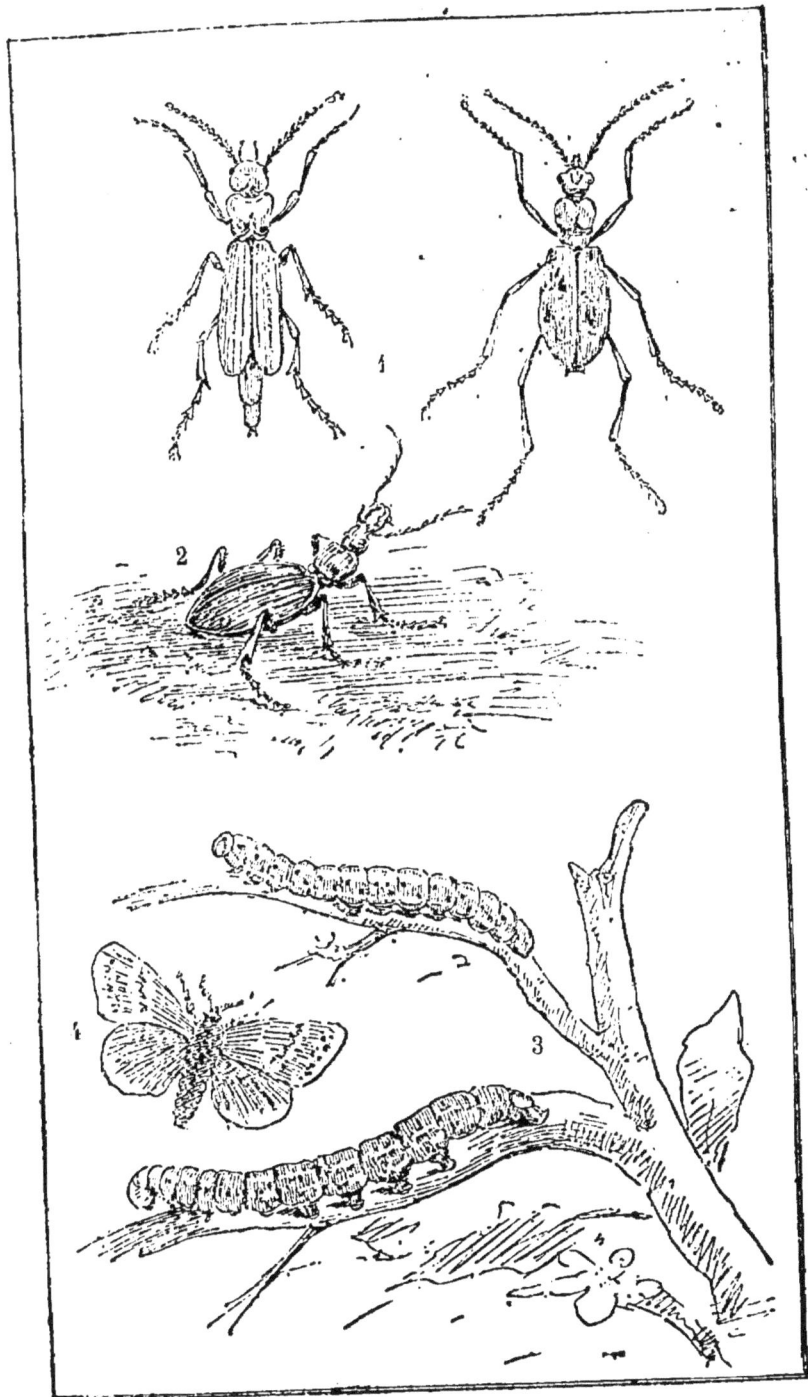

1 et 2. Carabes. — 3. Chenilles. —4. Papillon.

LIV. — AU REVOIR

Un peu plus loin Paul trouve de mignonnes bêtes à bon Dieu, des coccinelles au corselet noir pointillé de rouge, et il prend plaisir à les laisser courir sur sa main.

Comme les carabes, ce sont des insectes utiles vivant sur les arbres et les plantes et détruisant beaucoup de pucerons.

A quelques pas, au détour de la route, Paul va soulever avec l'aide de son cousin une grosse pierre et faire sauver une dizaine d'harpales aux couleurs bleu d'acier, qui eux aussi sont des auxiliaires à ménager, pendant que Lucien s'empresse d'attraper un gros coureur qui grimpe sur le talus et dont les pinces attachées à un corps verdâtre cherchent à lui prendre les doigts.

D'un coup de talon il l'écrase.

« Voilà, dit-il en riant, un cerf-volant qui ne montera pas haut ! »

Le père les a quittés un instant pour poursuivre de son côté une magnifique Libellule, longue mouche au corps si frêle et si léger qu'on ne peut la toucher sans la meurtrir, mais dont les couleurs or, bleu ou rouge, donnent les reflets des pierres précieuses.

Il l'apporte et montre ses compagnes voltigeant le long des roseaux et saisissant une foule de petits insectes à peine visibles.

Malheureusement on est arrivé trop vite au pied de la colline.

Lucien s'arrête, tend la main à son oncle et à sa tante, et le cœur gros, dit en détournant la tête pour cacher son émotion.

« Merci ! merci de tout cœur !

« Au revoir ! A bientôt ! J'emmène le petit cousin jusqu'en haut de la côte. »

Et il part vivement.....

La mère regarde alors son fils qui, en s'éloignant, se retourne et lui sourit, puis elle va s'asseoir sur un tronc d'arbre à côté de son mari en lui disant :

« L'avenir de la famille est dans nos enfants.

« Le progrès se fait lentement, mais sûrement dans toutes ces petites têtes.

« Il se révélera, un jour, pour le bonheur et la gloire de notre belle et douce France. »

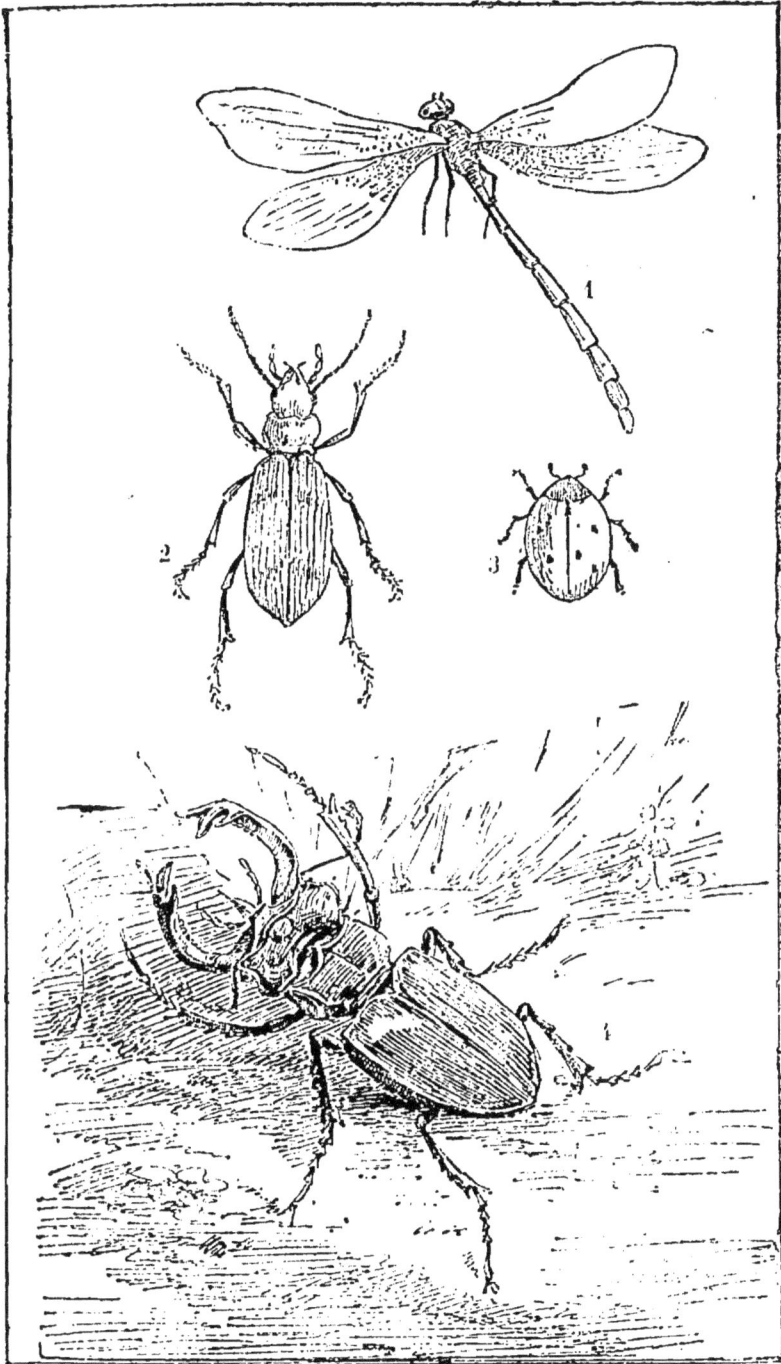

1. Libellule. — 2. Harpale. — 3. Coccinelle. — 4. Cerf-volant.

LV. — UN ÉVÉNEMENT DANS L'ÉCOLE

Plusieurs années se sont passées. Paul a grandi et est
devenu l'un des bons élèves de sa classe : il n'occupe pas
les premières places, il est dans la moyenne; mais il est si
attentif et si observateur, qu'il profite de tout ce qu'il voit
et de tout ce qu'il entend et qu'il peut causer sur beaucoup de choses et raisonner sur bien des sujets.

Son jugement est droit, son esprit ouvert et ses sentiments profondément honnêtes.

Paul est aimé de ses maitres et de ses condisciples.

Cependant il n'a choisi parmi eux qu'un seul ami, le
petit Louis, qui est maintenant un grand garçon se plaisant encore à raconter comment, un jour, il a été assez
simple pour laisser manger son déjeuner par un terre-
neuve.

Tous deux font le matin et le soir le trajet de la
maison à l'école, se donnant mutuellement des conseils
pour leurs devoirs journaliers et partageant leurs peines
et leurs joies d'écoliers.

Depuis quelques semaines ils sont très intrigués

Il leur semble qu'il va se passer dans l'école quelque
chose d'extraordinaire :

Ils ont remarqué un grand nombre d'allées et venues,
ont vu des messieurs traverser les salles de classe, la
cour, la récréation, causer à voix basse, déployer de
grandes feuilles de papier, consulter l'instituteur et appeler des aides pour placer des mires et un niveau d'eau.

Que va-t-on faire ?

Ils voudraient bien le savoir.

Leur curiosité est bientôt satisfaite, car un matin le
maitre monte tout joyeux au bureau, prend la craie, se
place devant le tableau noir et dit :

« Mes enfants, l'agrandissement de notre école est
décidé. Demain on commencera les travaux nécessaires
pour une nouvelle classe et un atelier de travail manuel.

« Je vais vous en tracer le plan. »

Cour

N

Passage   couvert

| Atelier nouveau | Classe nouvelle | Classe | Classe | Préau |

Rue

Mètres

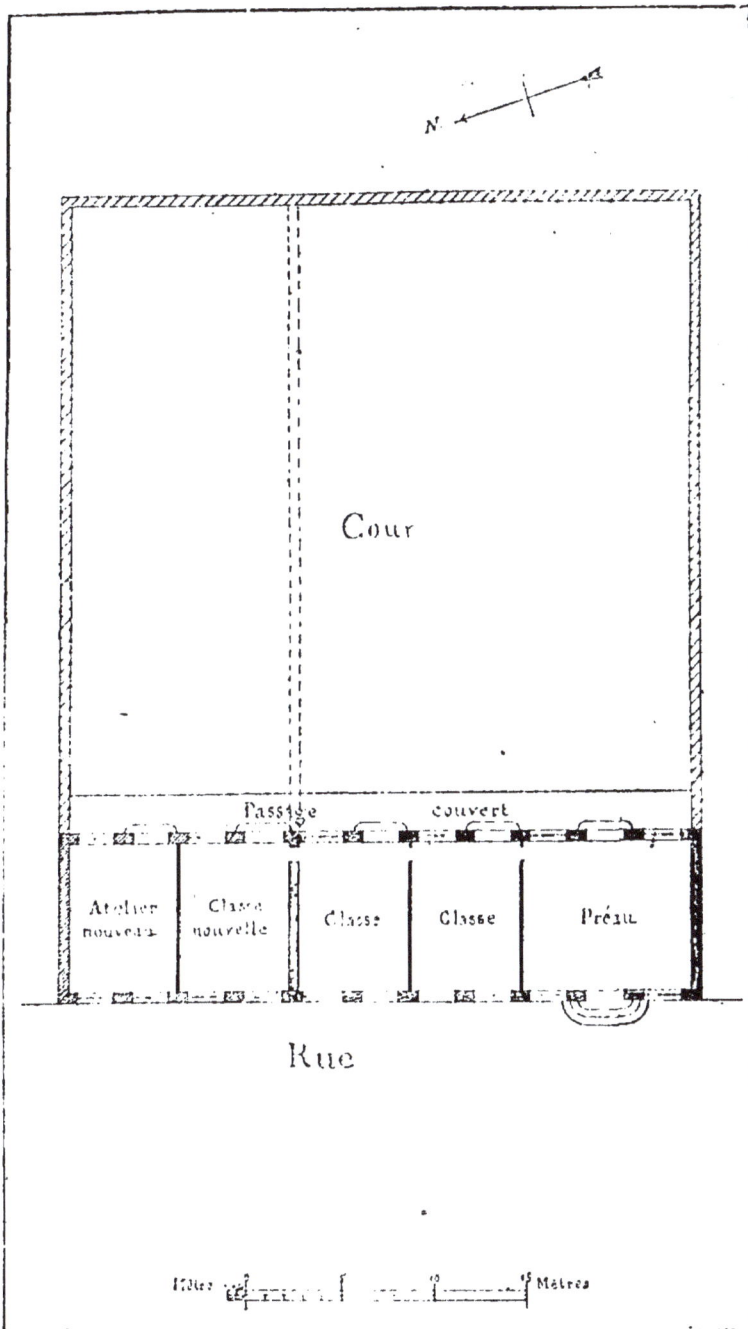

Plan de l'agrandissement de l'école.

LVI. — LES FONDATIONS

En effet, le lendemain matin, les enfants sont tout surpris de voir une partie du mur de la cour démolie et les ouvriers à l'œuvre.

Des maçons font tomber les pierres, rangent les moellons, transportent les gravois, en se servant du marteau et du levier.

Des terrassiers creusent les tranchées, déblaient les terres et emploient la pioche, la pelle et la brouette.

Pendant l'après-midi, on commence déjà à couler dans les trous un mortier composé d'eau, de cailloux, de sable et de chaux pour recevoir les murs : ce mortier en se durcissant formera une base solide.

Dans un endroit humide où le sol de la cour paraît s'affaisser, on descend du béton, mortier encore plus résistant et qui s'emploie pour les travaux hydrauliques, tels que les quais, les ponts, les digues, en un mot, pour tous les ouvrages construits dans l'eau.

La chaux qui entre dans la composition de ce béton et du mortier ordinaire se trouve à l'état calcaire dans la terre, en Bourgogne, en Champagne, en Dauphiné, dans l'Ile de France, en Bretagne et dans d'autres régions.

Pour s'en servir, on est obligé de la faire cuire dans de grands fours appelés fours à chaux.

Les pierres y sont portées par la chaleur au rouge de feu.

Lorsque l'opération est bien faite, la chaux a la propriété d'absorber l'eau avec rapidité et de devenir ferme au bout de peu de temps.

Les maçons et les terrassiers délayent cette chaux dans un bassin qu'ils construisent à côté de leur chantier avec de la boue et du mortier.

Pendant ce travail il serait dangereux de s'approcher des bords, car la chaux bouillonne en dégageant d'abondantes vapeurs.

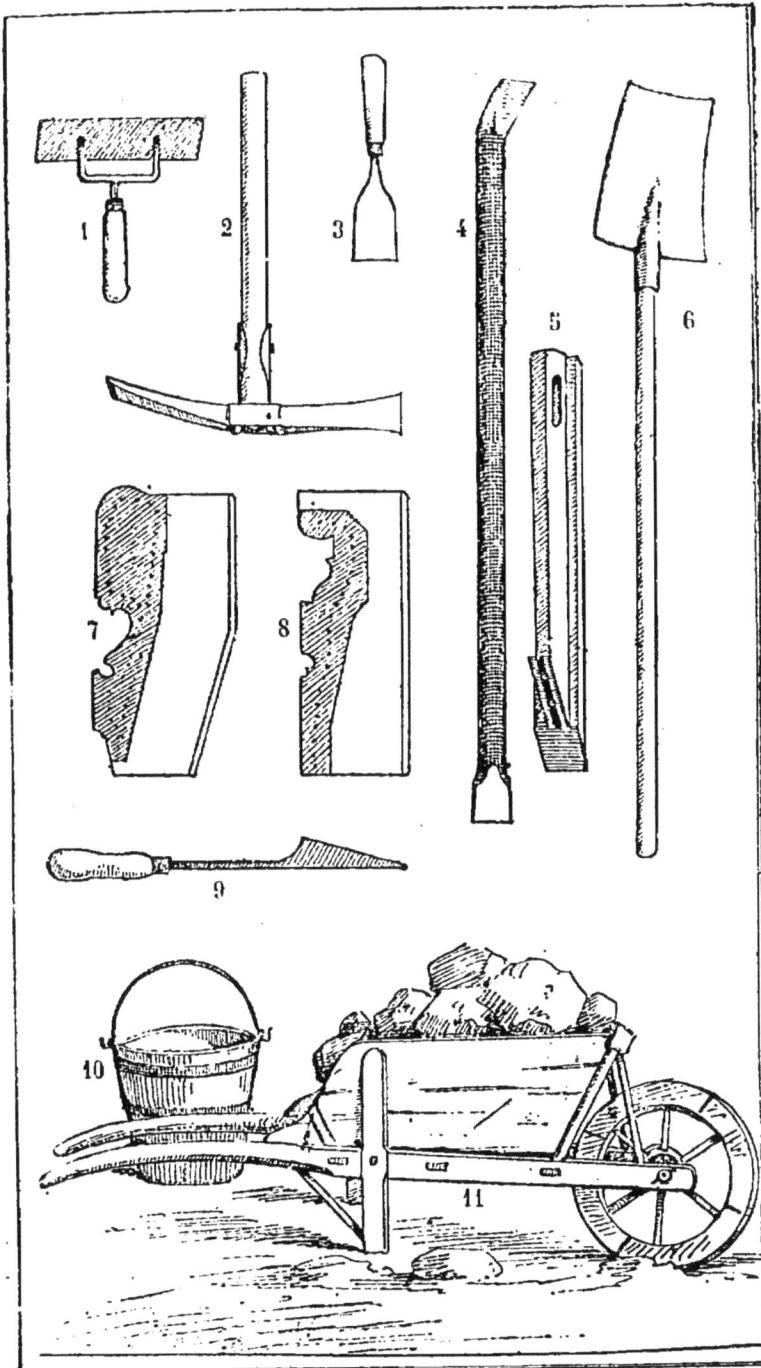

1. Bertelet. — 2. Décintroir. — 3. Riflard. — 4. Pince. — 5. Guillaume. — 6. Pelle.
— 7 et 8. Calibres pour moulures. — 9. Couteau. — 10. Seau. — 11. Brouette.

LVII. — L'ÉLÉVATION

Les tranchées sont bientôt comblées et les fondations arrivées à fleur de terre.

En les regardant, et en comparant leur épaisseur et leur développement avec les lignes du dessin que les élèves ont copié, on se rend facilement compte de la construction qui va s'élever.

Le plan est pour ainsi dire calqué sur le sol, car la partie ombrée entre les lignes figure bien la largeur des murs.

C'est sur cette surface que les tailleurs de pierre posent les soubassements.

Pour cela, ils apportent des blocs et les scellent les uns à côté des autres en ayant soin de les placer d'équerre afin que les murs soient d'aplomb. Les plus beaux blocs sont en pierre de l'Yonne, pierre franche, facile à travailler, ni trop dure, ni trop tendre.

D'autres, moins recherchés, proviennent de l'Oise, de la Meuse ou des Ardennes.

Les tailleurs de pierre étendent sur les joints une couche de ciment pour boucher les trous, puis ils laissent les maçons continuer le travail.

Ces derniers prennent des moellons déjà équarris sur une face, les ajustent et remplissent de débris les espaces restés vides.

Ils recouvrent le tout de plâtre gâché avec de l'eau par leurs manœuvres qui doivent être vifs parce que le plâtre ne tarde pas à faire prise et à devenir solide :

Il absorbe l'eau versée dans l'auge pour remplacer l'humidité qu'il contenait à l'état naturel, et qu'il a perdue en cuisant comme la chaux dans des fours spéciaux, installés près des nombreuses carrières du département de la Seine.

Les enfants s'amusent beaucoup à regarder les compagnons prendre le fil à plomb pour trouver la verticale, saisir leur truelle pour jeter le plâtre, et ils sont heureux lorsqu'ils les entendent crier de leur grosse voix :

« Hé! Nicolas! une truellée au sac! »

1. Niveau. — 2 et 3. Truelles. — 4. Auge. — 5. Boucharde. — 6. Masse. — 7. Maillet. — 8. Ciseau.

LVIII. — LA COUVERTURE

Les gros murs sont montés. Il faut maintenant élever dans l'intérieur de la construction d'autres murs moins épais appelés murs de refend, poser des solives pour recevoir le parquet, établir le plafond au moyen de lattes recouvertes de plâtre et préparer le passage des cheminées.

Puis poser la couverture : C'est l'affaire des charpentiers et des couvreurs.

Le toit est formé par une charpente assemblée avec soin et solidité et qu'on appelle le comble : la principale partie en est la ferme, maintenue par une poutre formant le faîte du toit et portant les chevrons sur lesquels sont clouées des planches très minces pour recevoir les ardoises, le zinc ou les tuiles.

Les ardoises proviennent des couches exploitées aux environs d'Angers. Le zinc a été acheté en Belgique, à la grande usine de la Vieille-Montagne. Le minerai en a été calciné dans des fours sur les côtés desquels se trouvent des foyers chauffés à la houille. La chaleur de ces foyers est si forte qu'elle suffit pour réduire le métal et le préparer à passer dans des cornues et à s'étendre sous des laminoirs qui le transforment en plaques unies et brillantes. Les tuiles ont été fabriquées en Picardie avec de la terre glaise, ou argile, délayée, pétrie, séchée et ensuite cuite dans un grand hangar où étaient ménagées des cheminées.

Les charpentiers ont pour outils : la cognée, la scie, le maillet, le compas, la règle et l'essette sorte de marteau à tête ronde d'un côté et tranchante de l'autre. Les couvreurs se servent de pinces, de tenailles, de cisailles, d'un martelet, d'un réchaud, d'un soufflet, de fers à souder, d'une échelle, etc.

Une fois leur travail terminé, maçons, charpentiers et couvreurs plantent sur la plus grande cheminée de la maison un beau drapeau en signe de réjouissance.

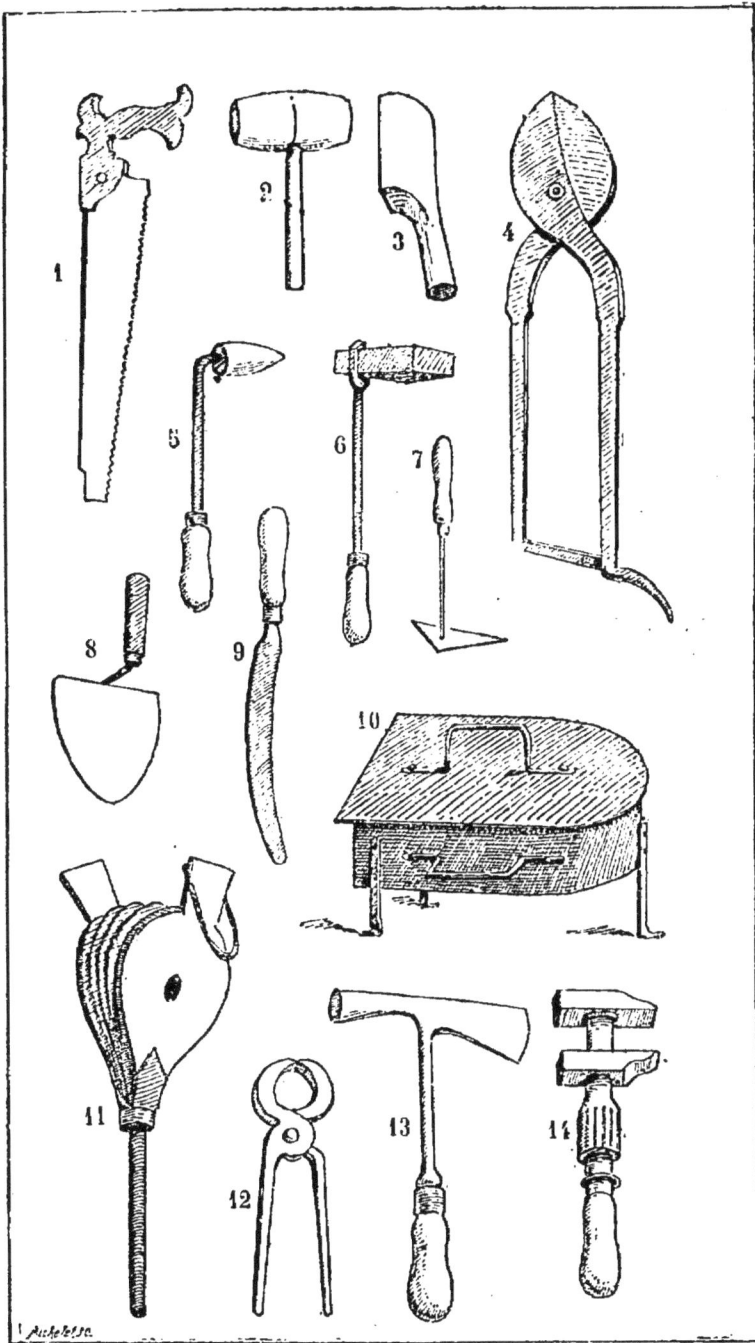

1. Scié à main. — 2. Maillet. — 3. Masse. — 4. Cisailles. — 5 et 6. Fers à souder.
7. Grattoir. — 8. Truelle. — 9. Écouane. — 10. Réchaud. — 11. Soufflet.
12. Tenailles. — 13. Essette. — 14. Clef anglaise.

LIX. — LES MENUISIERS

Les menuisiers arrivent à leur tour : ils posent les planches du parquet, ajustent les croisées, les portes, les persiennes et clouent les moulures et les encadrements.

Leurs outils sont nombreux.

Paul et Louis pourraient en dire le nom et en indiquer l'usage :

Le marteau, le rabot, la varlope, la scie à main, la scie à débiter, le ciseau, le tourne-vis, les tenailles, le vilebrequin, l'équerre, les mèches, les vrilles et la presse.

Les menuisiers travaillent sur un établi recouvert d'un bois très épais où se trouve, pour tenir les planches, un crochet de fer appelé valet.

Ils emploient du chêne, du peuplier, du sapin, provenant des arbres de nos forêts.

Le chêne se plaît dans les terres fortes, le peuplier dans les endroits humides, le sapin dans les terrains secs et sablonneux.

Il y a, dans les Landes, de grandes exploitations de pins et de sapins dont on tire aussi profit en recueillant la résine qui coule des entailles pratiquées dans l'écorce.

Cette résine tombe dans de petits pots semblables aux pots de fleurs que l'on met sur les croisées.

Le bout d'ambre de la belle pipe d'écume que fume l'entrepreneur de menuiserie en surveillant ses ouvriers est probablement de la résine fossile, c'est-à-dire de la résine enfouie comme les fougères dans le sol au moment de ses soulèvements.

Paul se souvient d'avoir vu au musée de la ville des insectes et des fragments de feuilles enfermés dans de l'ambre jaune, et d'avoir entendu un visiteur qui se trouvait devant la vitrine raconter qu'un jour, sur les côtes de la mer Baltique, il avait regardé des pêcheurs montés sur leur chaloupe, ébranler avec des crocs et faire ébouler des portions de falaise pour y trouver des morceaux d'ambre ou de succin.

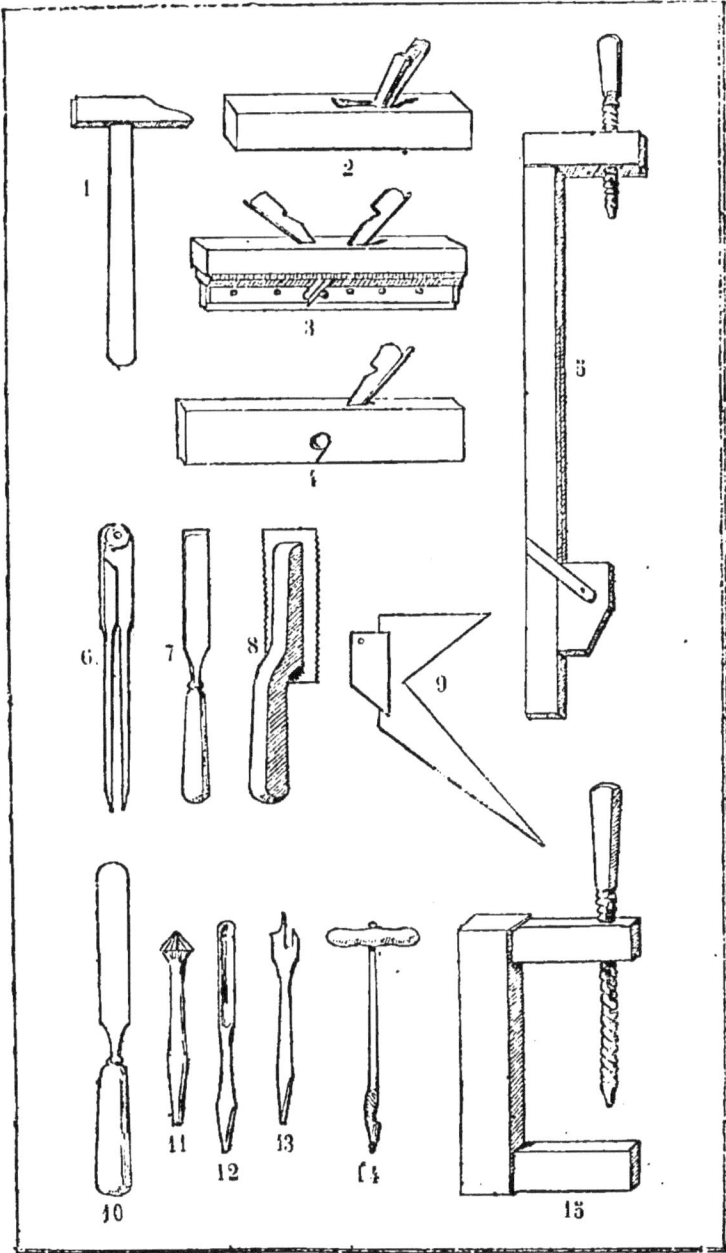

1. Marteau. — 2. Rabot. — 3. Bouvet. — 4. Guillaume. — 5. Serre-point. — 6. Compas.
7. Ciseau. — 8. Scie à cheville. — 9. Équerre à onglet. — 10. Gouge. — 11. Mèche
à friser. — 12. Mèche à cuiller. — 13. Mèche anglaise. — 14. Vrille. — 15. Presse.

LX. — LES SERRURIERS

Ensuite, viennent les serruriers qui apportent les cré-
mones, les gonds, les verrous, les crochets, les serrures et
les charnières pour les portes et les fenêtres.

Toutes ces fournitures sont en fer, en cuivre ou en tôle,
et sont posées au moyen du marteau, de la lime, du tourne-vis, des tenailles, du ciseau.

Quelques gros morceaux de fer sont forgés, c'est-à-dire
chauffés au rouge pour pouvoir être plus facilement fa-
çonnés.

Le fer avant d'être livré aux ouvriers a déjà subi plusieurs préparations.

Son minerai qui est d'une couleur de rouille, a été lavé,
grillé et fondu dans des hauts fourneaux, espèces de tours
coniques de 15 à 20 mètres.

Il y a, en France, des mines de fer très riches.

On peut citer celles de la Haute-Marne, de la Loire, de
la Haute-Saône, des Ardennes, du Jura, des Côtes-du-
Nord, de la Loire, de la Moselle, et d'autres encore.

Dans le département de Saône-et-Loire se trouve un
établissement grandiose, le Creuzot, qui réunit des mines,
des hauts fourneaux, des forges et des ateliers de construction de machines.

En Belgique, à Seraing sur la Meuse, on peut visiter
une usine couvrant 77 hectares et occupant plus de
9000 ouvriers.

La houille y est extraite du sol même.

On voit, en entrant, le charbon et le minerai jetés dans
le fourneau; et en sortant, la locomotive et ses rails tout
prêts à la recevoir.

Ces établissements sont entourés de véritables montagnes
formées de cendres et de débris de minerai s'élevant sur la
terre que l'homme creuse et vide pour les besoins de l'in-
dustrie.

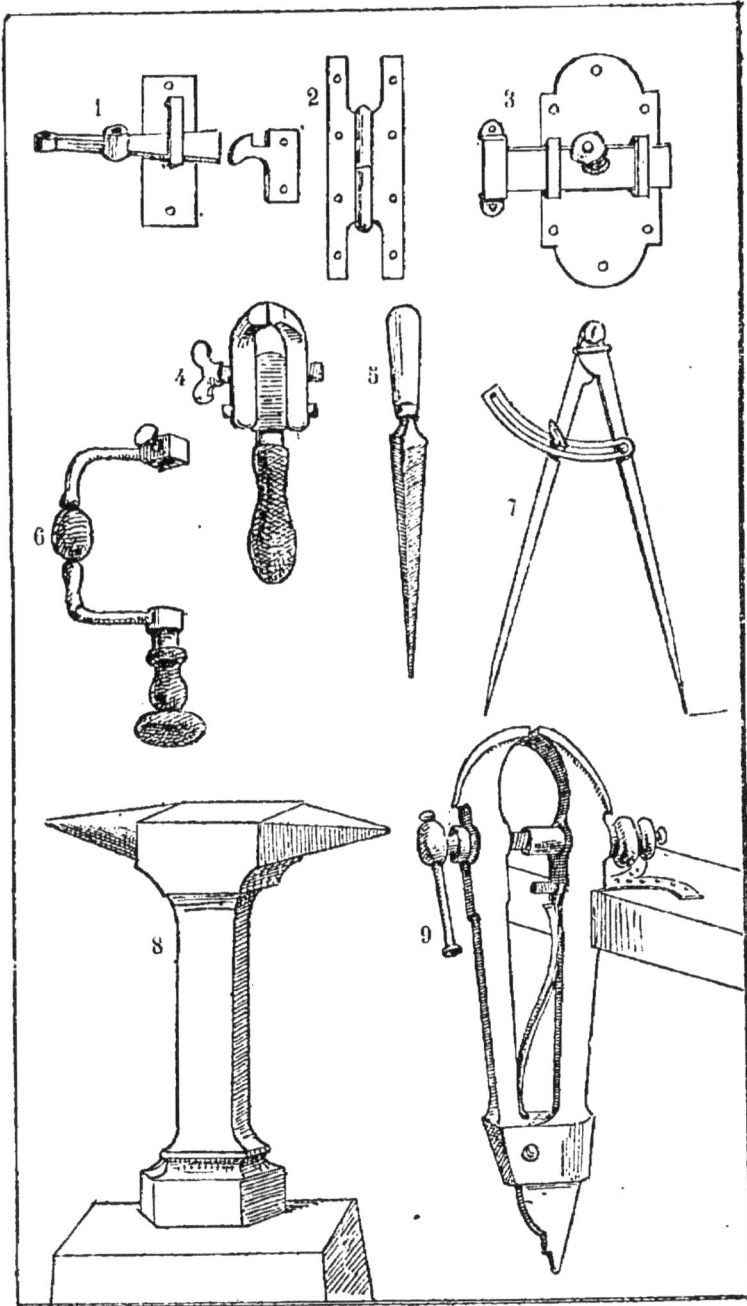

1. Targette. — 2. Gond. — 3. Verrou. — 4. Étau à main. — 5. Tire-point. —
6. Vilebrequin. — 7. Compas. — 8. Enclume. — 9. Étau ordinaire.

LXI. — LES SERRURIERS (suite)

Le cuivre provient aussi d'un minerai, mais généralement son origine est étrangère. Il arrive d'Angleterre, du Chili, du Brésil et de l'Autriche. On le trouve
cependant en petites quantités en France près de Lyon,
et dans les Pyrénées. Depuis quelques années on en
extrait d'Algérie. Le cuivre est mêlé avec d'autres
substances, telles que le soufre et le fer ; et pour l'en
dégager, il faut lui faire subir certaines manipulations
trop compliquées pour être décrites ici. Disons seulement
qu'en ajoutant au cuivre un peu d'étain, on forme le
bronze qui est employé pour un grand nombre d'objets :
canons, statuettes, médailles, lampes et candélabres.

Paul sait que le cuivre est plus dur que l'or et l'argent,
que sa couleur est d'un brun rouge lorsqu'il est pur, et
que les acides l'attaquent en donnant naissance à un
poison appelé vert-de-gris.

Il a appris aussi que c'est sur cette propriété des acides
qu'est basée la gravure à l'eau-forte, et qu'il suffit
d'étendre sur une feuille de cuivre une couche de vernis
gras, de tracer sur cet enduit, avec une pointe d'acier, le
dessin à reproduire, et de verser ensuite sur les parties
mises à jour de l'acide nitrique pour obtenir en creux
une planche qui, couverte d'encre d'imprimerie, donne
par le tirage des estampes ou des épreuves.

Quant à la tôle, Paul sent en la touchant qu'elle n'est que
du fer réduit en lames très minces par son passage entre
les rouleaux du laminoir. Au contact, c'est bien la même
chose que le fer-blanc de la rôtissoire de la cuisine qui,
à l'usage, finit par perdre la couche d'étain dont le réta-
meur l'a recouvert afin de le préserver de la rouille.

On trouve surtout l'étain dans les mines anglaises et
australiennes. Pour s'en servir, il faut y ajouter du plomb
afin de le rendre moins cassant. Ce plomb se forme
quelquefois en petits grumeaux au fond des vieilles
casseroles placées sur un feu trop vif.

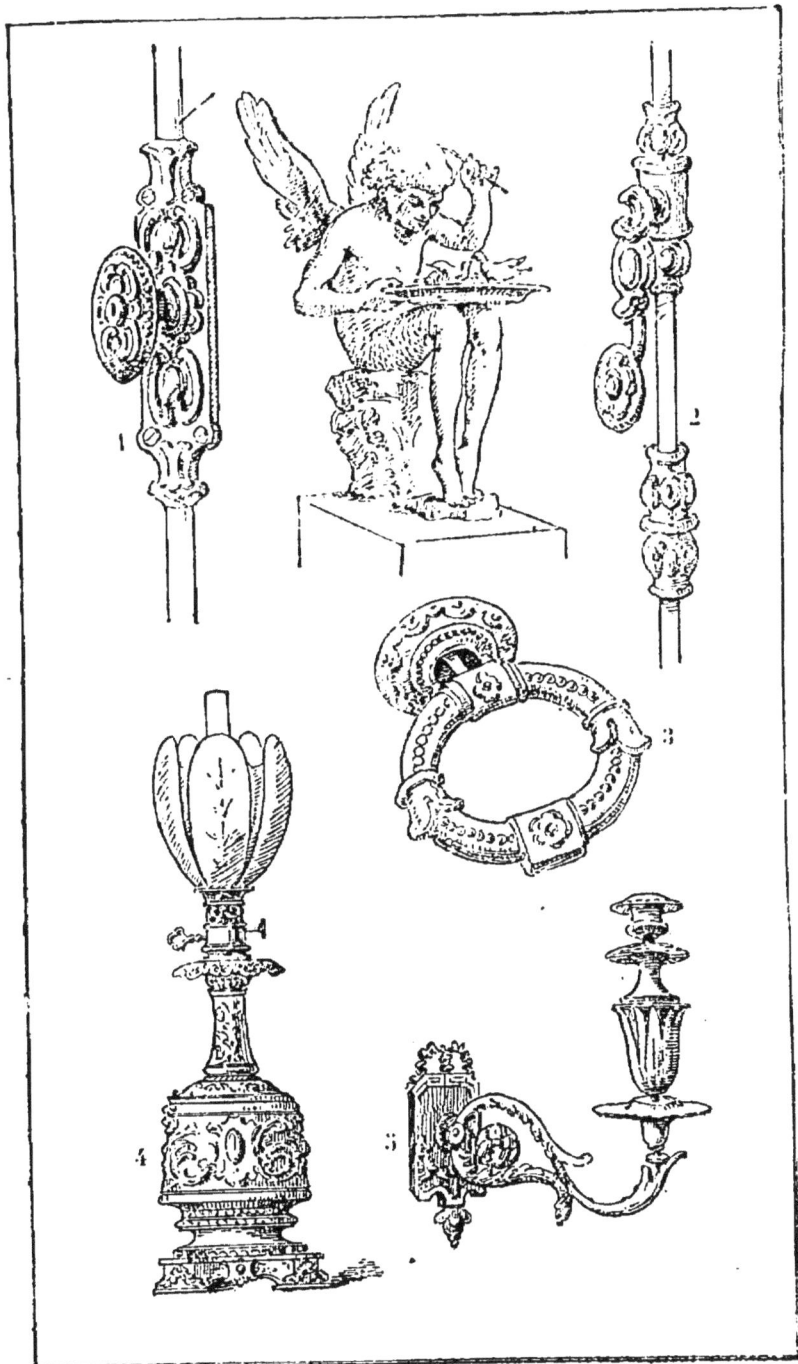

1. Crémone. — 2. Espagnolette. — Marteau de porte. — 4. Lampe. — 5. Applique.
6. Statuette.

LXII. — LES OUVRIERS GAZIERS

Pendant que les serruriers terminent leurs travaux, les gaziers commencent à tracer sur les plafonds la disposition du branchement qui doit amener le gaz dans les nouvelles salles.

Ils se servent, pour marquer sur le plâtre les parallèles que suivront les tuyaux de plomb, d'un cordeau rougi avec du pastel commun ; et ils aident les hommes de peine à livrer et à ranger les lampes, les lanternes et les appliques apportées du magasin.

Paul s'amuse pendant la récréation à copier sur son carnet de poche quelques-uns des appareils qui sont d'un dessin très léger et fort élégant.

Il regarde aussi les journaliers creuser une tranchée destinée à recevoir la conduite maîtresse qui doit aller souder sa prise de gaz sur le gros tube desservi par le gazomètre.

Cette tranchée débouche sur la rue et se continue jusqu'à la chaussée.

Paul en sortant de l'école suit le travail avec curiosité ; et il se demande, en voyant d'autres tuyaux traverser la cavité, quel en est l'usage, d'où ils viennent, où ils se dirigent.

Il questionnerait bien à ce sujet le contre-maître qui fait enlever les terres et les pierres, mais ses allures rudes et sa grande taille lui en imposent beaucoup.

Cependant, un jour, il s'approche doucement de lui et cherche à lier conversation :

Il lui demande s'il est bien fatigué, si la journée s'achève et si l'on bouchera bientôt le trou.

Le contre-maître répond, et la connaissance est faite.

« C'est un brave homme qui sous une écorce dure cache un excellent cœur. »

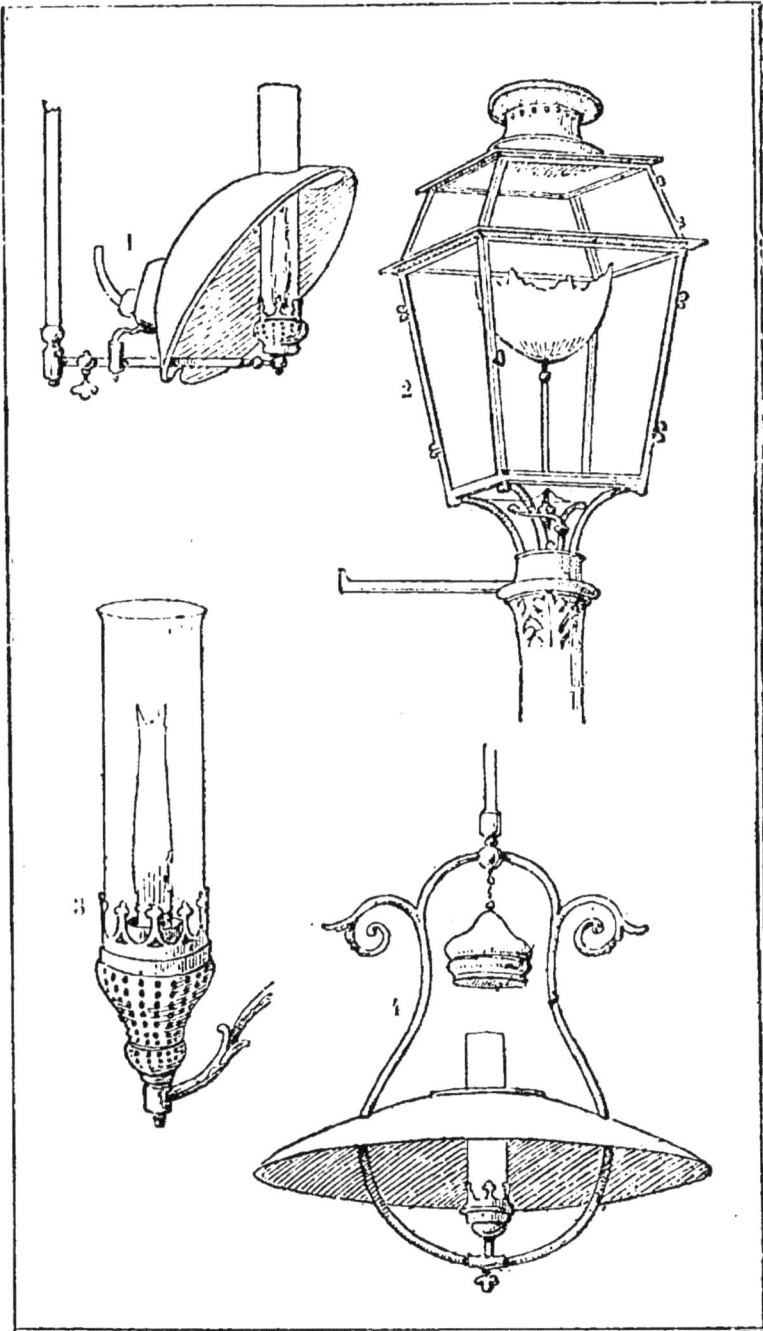

1. Bec avec réflecteur. — 2. Lanterne. — 3. Bec avec godet. — 4. Lampe d'école.

LXIII. — LE CROQUIS DU CONTRE-MAITRE

Paul apprend alors que pour entretenir la vie et le travail dans une cité, il faut créer une véritable ville souterraine avec ses rues, ses carrefours, ses magasins et ses habitants, et que le moindre trouble apporté dans l'organisation de ce monde caché a son contre-coup dans les relations et dans les mouvements extérieurs.

Le contre-maitre, en voyant combien l'enfant a le désir de s'instruire, le prend en amitié, et, un soir, il l'appelle, lui donne un rouleau de papier et lui dit : « Voici, mon petit garçon, un croquis qui vous montrera la coupe de la rue que nous traversons. Je l'ai demandé pour vous à mon patron. Vous le calquerez et vous me le rendrez dans quelques jours. »

Paul le remercie, tout confus d'une si aimable attention.

Il comprend une fois de plus que chez un homme il faut surtout rechercher la franchise et la bonté simple et naturelle, et ne pas se laisser éloigner par un abord froid et même quelquefois un peu brutal. Il rentre vite chez ses parents, remet le croquis à son père qui le déploie sur la table et l'explique ainsi :

« Une coupe est le dessin de ce que l'on voit en coupant le sol et tout ce qui se rencontre en profondeur dans la direction d'une ligne tracée sur la terre. Dans la campagne, cette coupe permet de distinguer les divers terrains : la terre végétale, le sable, les cailloux, la craie, l'argile ou d'autres couches, selon la nature du pays que l'on habite ; mais dans les villes où les rues sont constamment remuées et où les terres sont rapportées, la coupe ne donne que le détail des travaux entrepris pour amener l'eau potable, pour conduire le gaz, pour recueillir la pluie et les ordures ménagères. Ces travaux sont cachés par l'asphalte du trottoir et par les pavés de la chaussée. L'asphalte est un produit formé par des pierres calcaires imprégnées de bitume. Le bitume provient d'amas de matières organiques qui, chauffées par le feu central de la terre, se sont mises en vapeur et ont cherché une issue à travers l'écorce terrestre : on le trouve en quantité considérable, et à l'état presque pur, dans le lac de Poix situé dans l'île de la Trinité aux Antilles, ou bien, mélangé avec des argiles et du sable, en Auvergne et en Alsace.

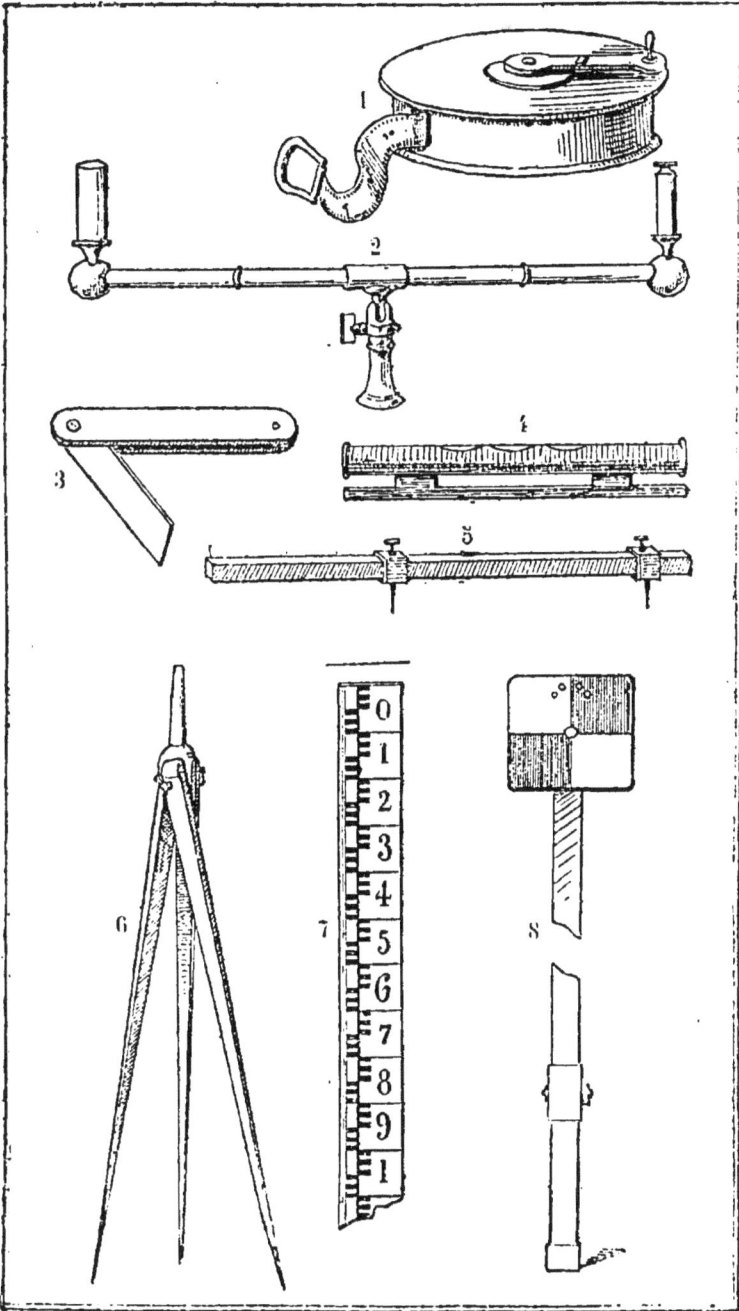

1. Ruban de toile de dix mètres. — 2. Niveau d'eau. — 3. Fausse équerre. 4. Niveau à bulle d'air. — 5. Compas pour les grands cercles. — 6. Trépied. — 7. Mire. 8. Jalon.

LXIV. — CE QU'IL Y A SOUS LE TROTTOIR

« L'asphalte employé pour les trottoirs est d'abord pulvérisé et fondu dans des cylindres ressemblant à des brûloirs à café, puis il est ensuite étendu sur un lit de béton comme un véritable mastic, mais dans cet état il est bien moins résistant que le pavé que l'on choisit généralement en grès durs de Fontainebleau.

Ces grès montrent par la finesse de leur grain qu'ils ne sont qu'une agglomération de sables cimentés par les dépôts successifs des eaux de la mer, et on en a la preuve en examinant les traces laissées dans certains grès mollasses par différentes plantes marines.

C'est presque toujours sous le pavage de la rue que l'eau circule pour le service de la ville et pour l'usage de ses habitants.

Elle y est amenée quelquefois de fort loin.

On la prend souvent à sa source, et on la dirige par un canal ou par des conduites en maçonnerie vers des réservoirs qui la distribuent dans les différents quartiers.

Ces réservoirs sont placés à une grande hauteur afin de donner à l'eau une pression qui lui permette de monter dans les tuyaux disposés à tous les étages des maisons.

Chaque propriétaire peut, en payant une contribution, venir souder un branchement à son usage sur le gros tube qui parcourt la rue.

Lorsqu'une ville se trouve située près d'une rivière, on installe sur la berge des pompes à vapeur aspirantes et foulantes ayant leur bouche d'appel dans le cours d'eau. Les pompes sont aspirantes pour attirer l'eau, et foulantes pour l'envoyer avec force dans les tubes de distribution.

Cette eau est moins pure que l'eau de source et il ne faut jamais en boire sans la filtrer avec soin.

Le gaz est distribué à peu près de la même manière que l'eau. On voit sur le dessin le passage d'une de ses conduites desservant les habitations voisines.

Le gaz s'extrait de la houille, et le résidu de la combustion forme le coke qui donne un chauffage sain et économique, puisqu'il ne coûte en moyenne que 1 fr. 50 à 2 francs l'hectolitre et que cette dépense peut être diminuée par l'emploi bien combiné du grésillon et du poussier.

Égouts, conduites d'eau et de gaz.

LXV. — L'ÉGOUT.

« Pour recevoir les eaux pluviales et ménagères, il faut construire des égouts exigeant des travaux importants et difficiles.

Ce sont de véritables tunnels placés généralement dans l'axe de la rue, excepté dans les grandes voies comme les boulevards et les avenues où il y a, sous chaque trottoir, un égout renfermant en même temps une conduite d'eau propre pour le service de la ville et des particuliers.

Les égouts se dirigent tous vers une large galerie centrale aboutissant à la rivière et y déversant ses impuretés.

Dans cette galerie, un chemin est réservé pour les ouvriers chargés de l'entretien et du curage de la cuvette, et de petits rails sont posés pour recevoir des wagonnets et des chariots.

On place dans les égouts des plaques en porcelaine émaillée répétant les noms des voies publiques sous lesquelles ils se développent, afin de permettre de suivre un parcours bien connu et de savoir à l'avance où l'on se trouvera en sortant soit par un regard, soit par un escalier.

On y établit aussi, pour arrêter les grosses ordures, des vannes semblables à celles des canaux.

Ces vannes sont fréquemment dégorgées et ouvertes brusquement pour que l'eau arrêtée par les portes chasse et balaye tout devant elle.

Dans les égouts de certaines villes on a installé depuis peu des tubes pneumatiques pour la transmission des dépêches et des lettres.

Ces tubes sont en communication avec des machines à vapeur qui font le vide dans leur intérieur et aspirent avec une rapidité extraordinaire l'étui dans lequel est enfermée une carte télégramme assez semblable à la carte postale.

L'adresse se met d'un côté et la correspondance de l'autre.

Le nombre des mots n'est pas limité.

A Paris, le prix de cette carte est de trente centimes. »

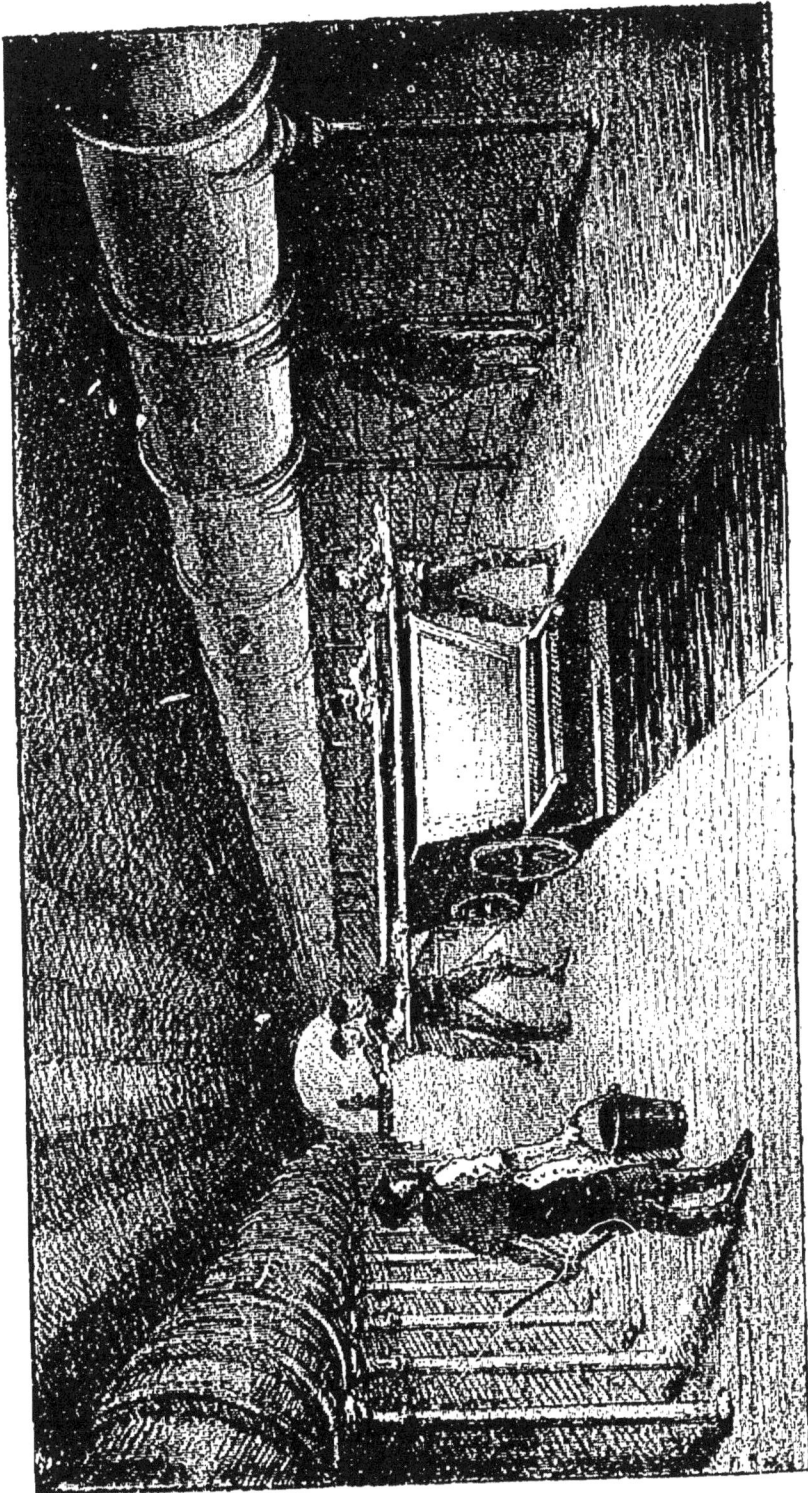

Un grand égout collecteur.

LXVI. — LA LAMPE MODÉRATEUR

Paul a écouté ces explications avec un grand intérêt, et il comprend maintenant toutes les commodités que peut réunir une ville bien organisée et surtout bien administrée.

Il s'étonne que dans la maison qu'habitent ses parents on s'éclaire encore à l'huile et qu'on soit obligé d'aller chercher de l'eau dans la cour pour la monter dans l'appartement.

D'autant plus que la lampe de la salle à manger doit exiger quelquefois des réparations, et que l'eau du réservoir ne peut pas être toujours bien pure.

Paul en cause avec son père qui, tout en roulant le dessin et en le posant sur le buffet, lui répond

« Je vois que tu serais peut-être content de savoir comment fonctionne notre suspension, et je vais te l'expliquer.

Attends-moi seulement un instant, que j'aille prendre dans l'armoire du cabinet une autre lampe qui me servait lorsque j'étais jeune homme, et que j'ai tenu à conserver parce qu'elle me rappelle bien des heures passées à étudier dans ma chambre de garçon. Il y a de cela longtemps, mon Paul, car pendant que tu grandis, mes cheveux grisonnent!

Tiens, la voilà.

Nous allons l'ouvrir. Ce sera probablement le dernier service qu'elle me rendra.

Enlevons le fond de la lampe qui est fixé par quelques vis et un peu de soudure facile à couper avec un couteau, et examinons l'intérieur : Nous voyons à la base un réservoir destiné à recevoir l'huile. Dans ce réservoir plonge un tube, et sur l'huile se trouve un piston en cuir bouilli soumis à la pression d'un ressort. Ce ressort se monte au moyen d'une crémaillère qui est mise en mouvement par la clef placée à côté de la galerie.

Tournons-la pour nous en assurer.

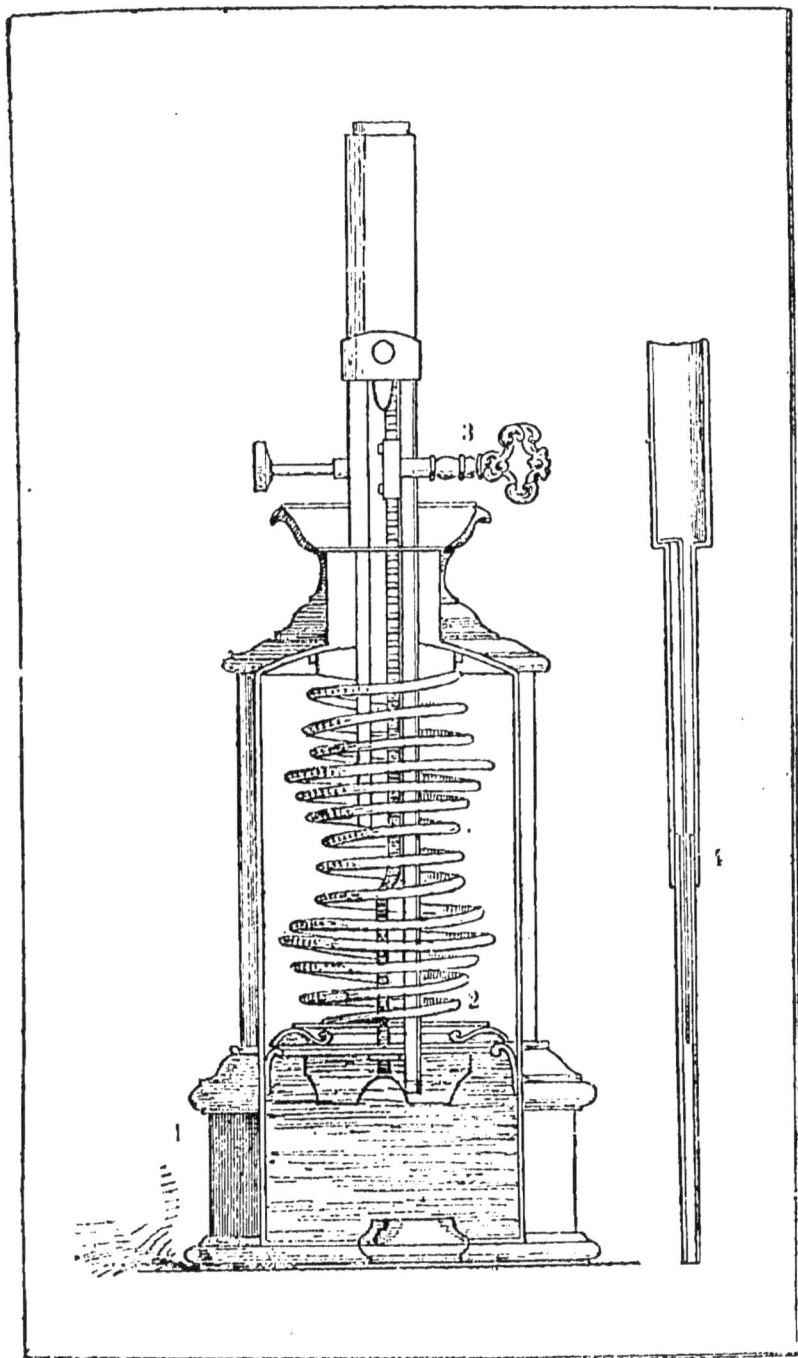

1. Lampe modérateur. — 2. Piston et ressort. — 3. Clef et crémaillère. — 4. Tube et tige.

LXVII. — LE PISTON ET LE RESSORT

« Oui, c'est bien cela.

Lorsque le piston vient appuyer sur la couche d'huile, il la comprime et la force à s'élever dans le tube jusqu'à la mèche qui s'en imbibe et laisse retomber, goutte à goutte, ce qu'elle reçoit en excédent.

A mesure que le piston descend, le ressort se développe ou s'allonge, et l'huile monterait alors plus lentement, si une disposition très ingénieuse du tube n'en réglait la descente et la montée :

Dans le tube on a introduit une seconde tige glissant dans la première. Cette tige est bien placée dans l'axe du tube, et par sa position elle modère ou elle ralentit la chute du liquide. A mesure qu'elle glisse, qu'elle descend, sa résistance s'amoindrit. De sorte qu'elle compense ainsi la diminution de la force du ressort. Il s'établit par ce système une pression toujours à peu près égale.

Paul, copie ce mécanisme pendant que de mon côté je vais te dessiner quelques modèles de lampes qui sont fréquemment employées.

Ius tard je t'expliquerai comment sont construites les lampes Carcel, les lampes à alcool, les lampes à gaz, les lampes des mineurs, les lampes à souder et les lampes à pétrole.

Contentons-nous aujourd'hui de savoir que l'usage des lampes à pétrole est très dangereux et exige de grandes précautions, car le pétrole du commerce, qui est rarement bien épuré, peut s'enflammer au contact d'un corps incandescent ; et n'oublions pas que presque tout le pétrole provient de l'Amérique du Nord. On croit qu'il a été formé par la décomposition de plantes et d'animaux.

Il se trouve à une petite profondeur dans la terre d'où il jaillit souvent comme l'eau d'un puits artésien.

Une grande partie de l'État de New-York repose sur un sol couvrant d'immenses nappes de pétrole. »

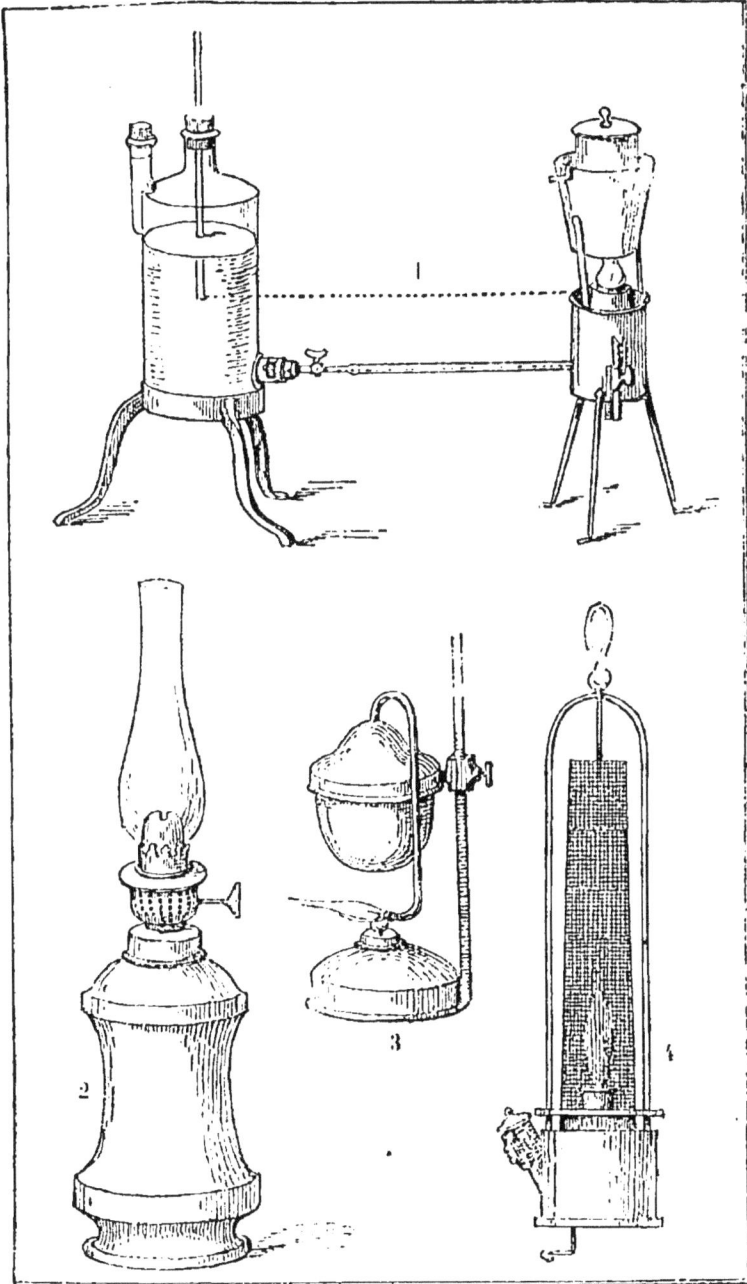

1. Lampe à alcool. — 2. Lampe à pétrole. — 3. Lampe à souder. — 4. Lampe des mineurs.

LXVIII. — LES PEINTRES

Les travaux de l'école marchent rapidement ; et les peintres, qui ont suivi les serruriers, s'empressent de donner aux ferrures neuves une première couche de peinture et de boucher au mastic les trous laissés dans les murs et les cloisons.

Avec eux le chantier s'anime car ils chantent les refrains les plus gais, tout en gardant une réserve discrète par respect pour les enfants.

Le premier ouvrier dirige les travaux et prépare les couleurs.

Il mélange de l'ocre jaune, de l'ocre rouge, du blanc de céruse et du noir de charbon animal pour obtenir le ton des boiseries. Puis il détrempe du blanc de Meudon qu'il délaie dans de la colle de peau pour enduire les plafonds.

Les ocres employées sont des terres mélangées avec des oxydes de fer leur donnant leur principe colorant.

Les jaunes sont très communes en France dans les départements de la Nièvre et de l'Yonne. Les rouges arrivent d'Autriche ou d'Espagne.

Le blanc de céruse provient du plomb. C'est un poison qui par ses émanations engendre de graves maladies.

Le blanc de Meudon s'extrait des carrières des environs de Paris. On le prépare à Meudon et à Bougival en écrasant la craie, en la lavant et en séparant tous les grains de sable et les petits cailloux qui s'y trouvent.

Les peintres se servent de la grande échelle à coulisse manœuvrant par le jeu d'une poulie et portant deux crochets d'arrêt se fixant sur l'un des échelons inférieurs, ainsi que de l'échelle double avec sa tablette horizontale.

Ils emploient des brosses de différents modèles : des grosses, des moyennes et des fines, montées en soie, sur virole ou sur ficelle, et ils manient le couteau à enduire et le couteau à panneau.

Leurs couleurs répandent dans toute l'école une odeur fatigante et les enfants en sont si incommodés que Paul et Louis se disent tout bas :

« La distribution des prix aura lieu dans huit jours.

« On devrait bien nous donner congé demain. »

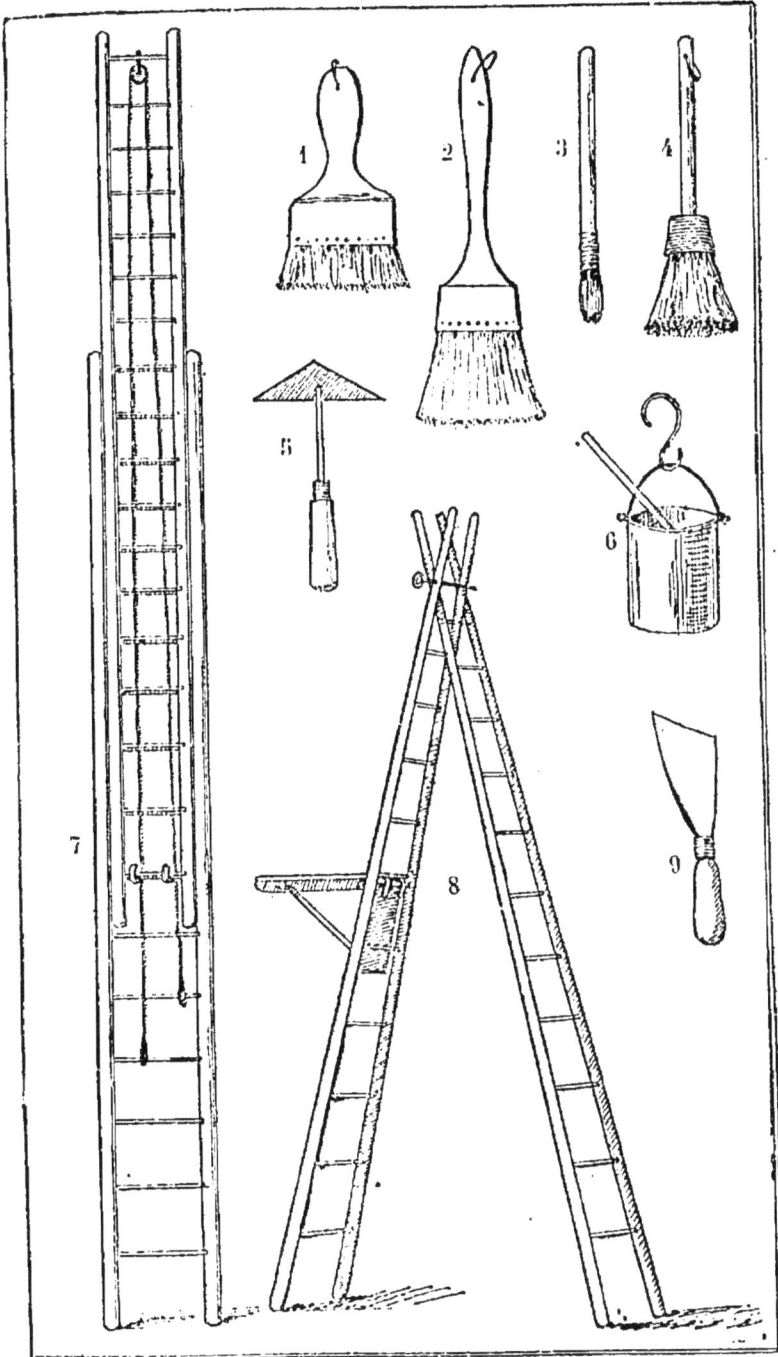

1 et 2, Brosses. — 3 et 4. Pinceaux. — 5. Raclette. — 6. Camion. — 7. Échelle à coulisse. — 8. Échelle à tablette. — 9. Couteau à mastic.

LXIX. — VIVENT LES VACANCES

Leur vœu est exaucé :

Le lendemain, le maître réunit les enfants dans le préau et leur apprend que les classes sont terminées et que les vacances commencent.

Aussitôt tous les visages rayonnent.

Les cahiers se rangent, les gibecières se bouclent et les livres s'empilent.

On chuchote, on rit, on se regarde et l'on attend avec impatience le signal pour se lever et sortir.

La joie éclate et déborde !

L'instituteur est aussi heureux que ses élèves et il ne s'en cache pas.

Vivent les vacances pour tout le monde !... C'est le moment des voyages, des courses en plein air, des parties de campagne et du repos bien gagné après le labeur de l'année !

C'est le temps de la pêche, de la chasse, de la moisson et des vendanges ! et l'époque où la nature entière laisse échapper ses richesses pour célébrer la fête de la jeunesse et de la liberté !

Oui ! vivent les vacances ! puisque c'est aussi le retour au foyer de la famille avec la vie calme, tranquille, sans préoccupations, succédant à la lutte de chaque jour, et la visite au bon grand-père et à l'excellente grand' maman, ramenant dans leur demeure un rayon de soleil et de gaieté qui les réjouit à l'avance.

Mais, vivent les vacances surtout pour la mère et l'enfant ! car c'est l'heure des simples causeries et des naïves confidences pendant lesquelles le cœur et l'esprit du fils reçoivent l'empreinte qui y restera gravée pour la vie et adoucira bien des amertumes.

Les vacances ?... C'est la bonne nouvelle que Paul et Louis courent porter chez leurs parents et qui les entraîne si vite qu'ils ne songent, en se quittant, qu'à se jeter ces mots :

« A bientôt !

« Restons toujours bons amis ! »

Vivent les vacances

LXX. — UNE SURPRISE

Ce jour-là, chez les parents de Paul, la veillée autour de la table de famille se prolonge plus tard que de coutume.

Paul énumère tous les projets qu'il a formés, et à l'entendre on pourrait croire que ses jambes sont de fer et sa bourse inépuisable.

Il dit : Je ferai ceci, je ferai cela; nous irons là, nous reviendrons ici.

Bref, il cause comme un petit bavard quand un coup de sonnette vient l'interrompre.

Un monsieur mis avec une grande distinction se présente et demande M. Paul.

L'enfant s'avance vers lui en rougissant, et son embarras augmente lorsqu'il l'entend ajouter :

« Présentez-moi, s'il vous plaît, à vos parents. Je suis le père de votre ami Louis. »

Mais Paul n'a pas le temps de parler que déjà les deux hommes se reconnaissent et s'écrient :

« Comment, c'est vous? »

Et ils se serrent les mains à plusieurs reprises, en se rappelant qu'ils se sont rencontrés pendant la guerre de 1870, lorsque tous ceux qui ne faisaient pas partie de l'armée se groupaient, saisissaient des armes et se dressaient devant l'étranger.

Que de souvenirs leur reviennent à la mémoire !

Paul les voyant causer se lève et s'apprête à se retirer dans la chambre avec sa mère, lorsqu'il est retenu par ces mots :

« Restez, Paul; c'est pour vous et pour mon petit garçon que je suis venu.

« Dans huit jours je dois aller recevoir dans un port de mer un chargement de bois de Norwège, et j'emmènerai Louis chez son grand-père.

« Voulez-vous nous accompagner? »

1. Brouette avec colis. — 2. Chariot avec malle, sac de nuit et cartons à chapeaux.

LXXI. — EN VAGON

C'est convenu. Paul partira.

Les familles des enfants se sont vues, ont causé ; et malgré une réserve bien excusable de la part des parents de Paul, l'accord s'est fait à la grande satisfaction du père de Louis qui se plaît à répéter : « C'est une simple complaisance que je vous demande pour mon fils qui sera bien heureux de passer quelques jours avec son ami. »

On a donc pris rendez-vous à la gare, au train du matin.

Tout le monde est exact ; et pendant la demi-heure qui reste à attendre, Paul et Louis s'amusent à regarder le mouvement qui se fait autour d'eux : les voyageurs qui se pressent au guichet, les braves paysans qui passent surchargés de paquets, les voitures qui arrivent, les bagages qu'on décharge et qu'on pèse sur la bascule, le contrôle à l'entrée des salles d'attente, etc.

Bientôt le moment du départ est annoncé par un coup de cloche. On se dit : « Au revoir » et l'on monte en vagon. Les enfants choisissent les coins en se promettant de suivre sur l'Indicateur le nom des stations ; et le père de Louis se place à côté d'eux, s'apprêtant à répondre à leurs questions, car il devine qu'il va être souvent interrogé.

Le train part, et en sortant de la gare passe sur une plaque tournante qui a permis d'amener et de réunir les wagons à voyageurs et les fourgons à marchandises, puis il s'engage sur la voie de gauche en suivant une aiguille qui place les rails du côté de l'aller et s'arrête un instant devant un disque rouge qui fait face à la machine.

Paul en profite pour se faire expliquer le mécanisme de la plaque tournante, qui est très simple : cette plaque est formée d'un plateau de métal entouré d'un rail, et soutenu par un arbre descendant jusqu'au fond d'un fossé où il repose dans une crapaudine remplie d'huile.

Le fossé, portant à sa partie supérieure un autre rail, la plaque tournante peut glisser presque sans efforts lorsqu'elle est mise en mouvement par les hommes d'équipe.

1. Changement de voie. — 2. Plaque tournante. — 3. Disque. — 4. Levier de manœuvre. — 5. Aiguille.

LXXII. — LE SÉMAPHORE

Louis demande aussi à connaître le mouvement de l'aiguille de bifurcation, et son père le lui fait tout de suite comprendre en lui montrant qu'au point de rencontre des deux voies se trouvent des bouts de rails taillés en biseau, c'est-à-dire en forme de larges aiguilles, et en lui faisant observer que ces rails effilés sont reliés par des tiges de fer à un levier muni d'un bras portant un contre-poids qui les rapproche ou les éloigne de la voie principale. Le train repart... Mais, bientôt, il est obligé de ralentir encore sa marche afin d'obéir à un signal vert qu'il doit dépasser avant d'arriver à l'électro-sémaphore précédant la première station.

Ce sémaphore est très curieux : il se compose d'un mât de huit mètres de hauteur, d'une aile mobile placée à la partie supérieure du mât et se développant horizontalement à gauche, d'un petit bras, d'un carillon et de deux appareils destinés chacun à faire manœuvrer, par un demi-tour de manivelle, l'aile et le petit bras. Pendant le jour, la position horizontale de l'aile à la gauche du mât commande l'arrêt absolu. Pendant la nuit, l'arrêt est ordonné par les écrans rouges et verts qui y sont placés. Deux trains, ou deux machines, ne doivent pas se trouver en même temps sur la même voie dans l'intervalle compris entre deux postes sémaphoriques. Lorsque les sections entre lesquelles est placé un poste sont dégagées, les ailes et les bras sont cachés et on peut lire dans les ouvertures du socle du sémaphore les inscriptions suivantes : « La voie est libre vers.... » « La voie est ouverte à.... » Lorsque, au contraire, un convoi est engagé entre deux postes, le gardien du premier poste abaisse la grande aile pour le protéger, et il fait tomber au poste suivant, par ce mouvement, la petite aile et résonner le carillon. On lit alors dans les boîtes des sémaphores de ces postes: « Train annoncé vers... » « Voie fermée à.... » Bien des accidents sont ainsi évités.

Paul et Louis aperçoivent en route plusieurs sémaphores. Ils en suivent la manœuvre et écoutent dans les gares la sonnette électrique qui annonce que leur train est préservé à l'arrière.

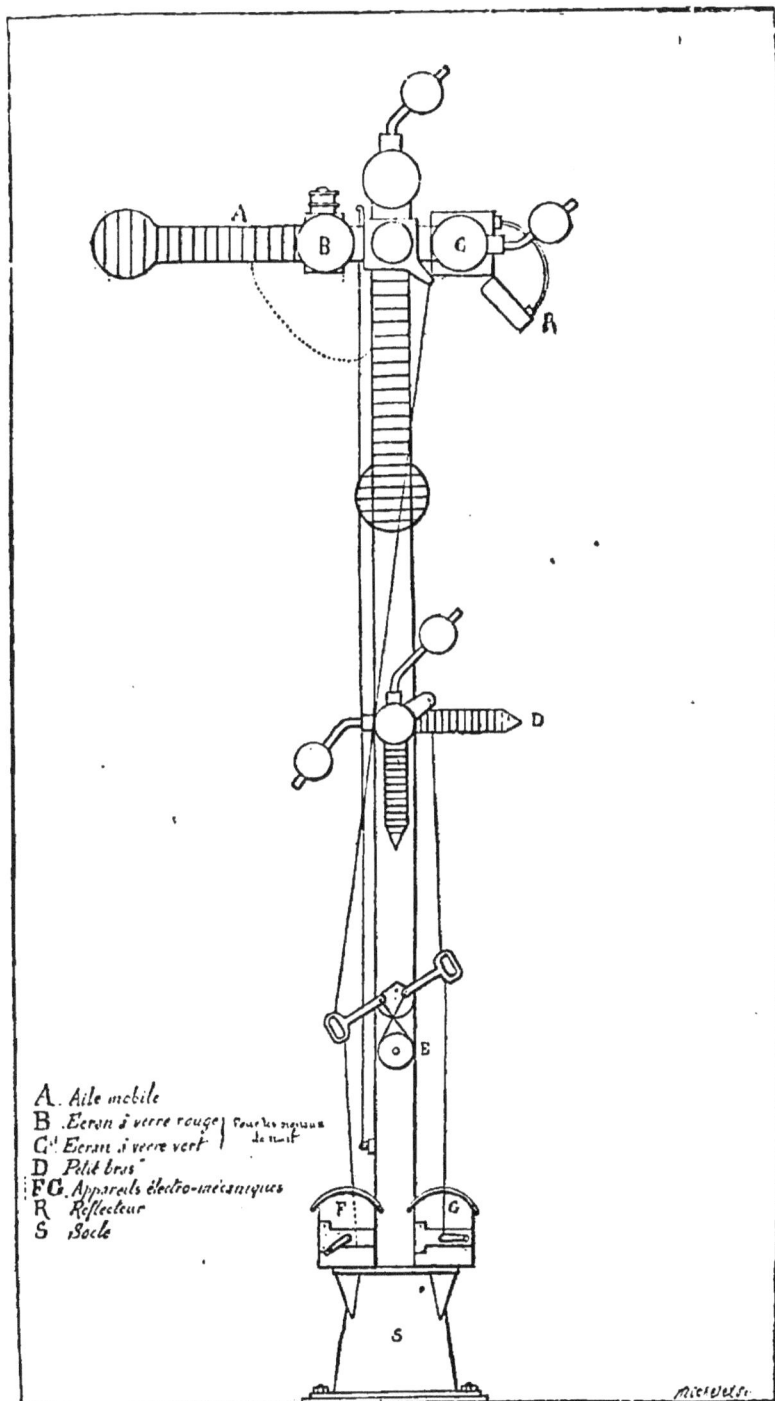

A. Aile mobile
B . Ecran à verre rouge | pour les signaux
C' Ecran à verre vert | de nuit
D Petit bras
FG. Appareils électro-mécaniques
R Réflecteur
S Socle

Sémaphore en usage sur la ligne du Chemin de fer du Nord.

LXXIII. — EN ROUTE

Les enfants voient beaucoup d'autres choses : La locomotive, le tender, les poteaux télégraphiques, les fils et
les supports isolateurs en porcelaine.

Les freins avec leurs tuyaux de caoutchouc, leurs vis
d'attache et leurs sabots de frottement les surprennent
beaucoup, et ils ne peuvent croire qu'en y faisant le vide
on puisse obtenir un arrêt à cent mètres lorsque le train
marche avec une vitesse de soixante kilomètres à
l'heure.

Paul et Louis descendent à quelques stations, s'appro-
chent de la locomotive et regardent le foyer et les tubes
qui y aboutissent. Ces tubes, qui sont en moyenne au
nombre de deux cents, vont se terminer dans la boîte à
fumée. Ils traversent la chaudière et sont enveloppés
d'eau de toutes parts. Le feu et les gaz produits par la
combustion du coke, du charbon de terre, de la tourbe
ou des briquettes, en passant dans les tubes, abandon-
nent à l'eau leur chaleur et la transforment rapidement
en vapeur, car la surface ainsi chauffée atteint dans les
fortes locomotives jusqu'à 190 mètres carrés. Pour accé-
lérer encore l'évaporation dans la locomotive, on installe
dans certaines gares des grues hydrauliques. Ce sont de
petits cylindres creux fermés à la base et reposant sur un
gros calorifère qui chauffe l'eau pour l'approvisionne-
ment des tenders.

Paul et Louis attendent avec impatience les arrêts de
dix ou de quinze minutes pour aller près du mécanicien
et du chauffeur qui, de fort bonne grâce, causent avec eux.

Le chauffeur, tout noir de la poussière de la route et
de la fumée de la cheminée, charge son foyer avec de
grandes pelletées de charbon et dit en riant aux enfants :

« Donnons encore un peu d'avoine à notre cheval si
nous voulons aller vite. »

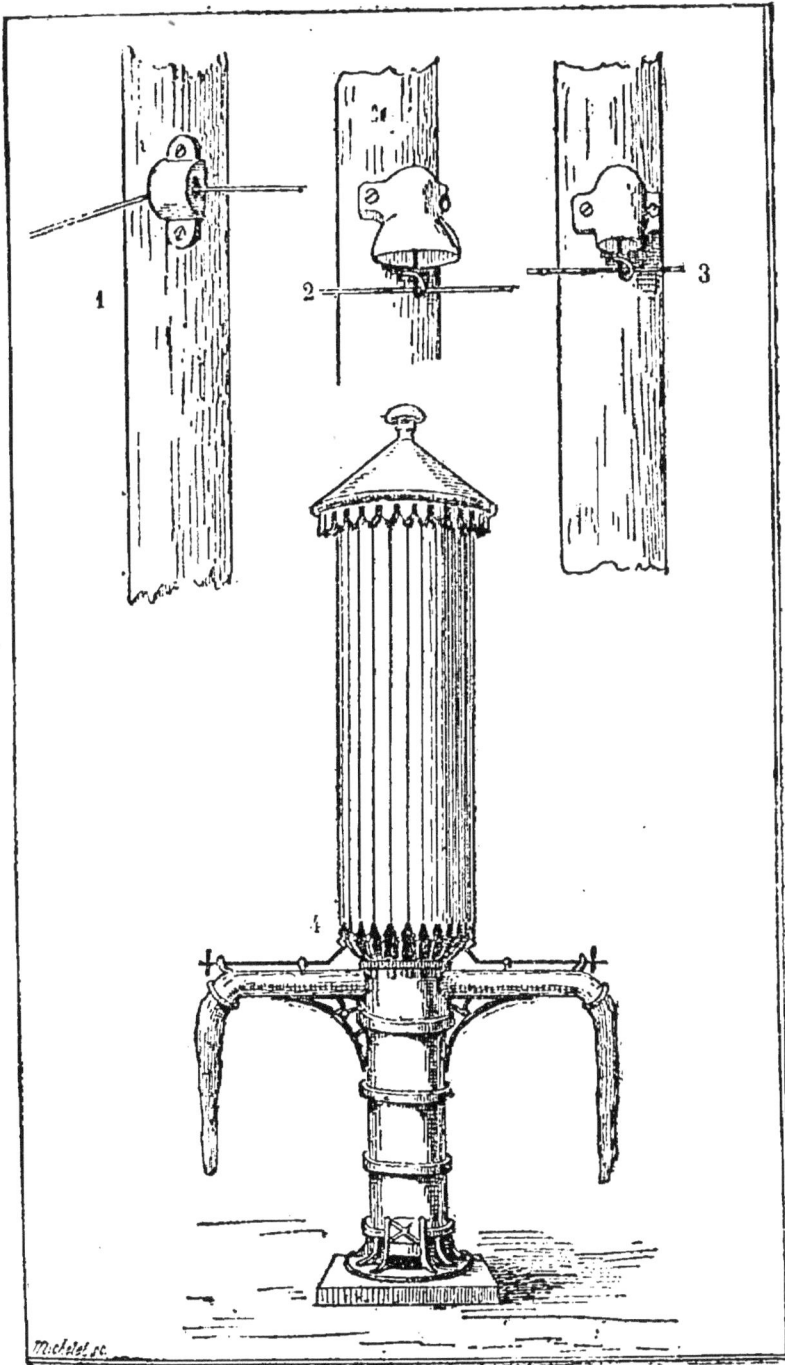

1. Anneau isolateur. — 2 et 3. Supports isolateurs. — 4. Grue hydraulique à calorifère.

LXXIV. — L'ARRIVÉE

Paul et Louis, en montant sur une caisse, peuvent voir remplir le réservoir du tender par le boyau de la grue hydraulique. Le mécanicien leur montre la boîte à vapeur, le cylindre, la tige du piston, et leur explique comment ce piston par son mouvement de va-et-vient entraîne la bielle qui fait tourner la grande roue de 2^m10 de diamètre. Il leur dit aussi que le sifflet n'est pas autre chose qu'une coupe laissant passer la vapeur par une ouverture circulaire très étroite et l'envoyant, comme le jet d'une lance, sur un timbre placé au-dessus qui résonne et produit différents sifflements.

La locomotive doit siffler pour entrer en gare et pour en sortir, pour faire serrer les freins ou demander si la voie est libre, pour appeler au disque et faire préparer l'aiguille d'un embranchement.

Dans l'Amérique où les trains rencontrent des troupeaux de buffles sauvages couchés sur les voies, le sifflet des machines imite avec une force surprenante le beuglement du bœuf afin d'effrayer les animaux qui pourraient entraver par leur grand nombre la marche de la locomotive.

En France, les lignes de chemin de fer sont closes par des buissons ou des treillages ouverts seulement de distance en distance pour les passages à niveau dont la surveillance est confiée au garde-barrière. Celui-ci se fait quelquefois remplacer par sa femme qui est amusante à voir avec son chapeau de cuir bouilli, son manteau d'uniforme et son petit drapeau-signal.

Toutes ces observations font passer agréablement aux enfants le temps du voyage et ils regretteraient d'entendre à la dernière station le conducteur crier : « Tout le monde descend » si, sur le quai de la gare, ils n'apercevaient s'avançant au-devant d'eux le vénérable grand-papa dont la figure reflète la bonté et la sagesse acquises par une vie déjà bien remplie.

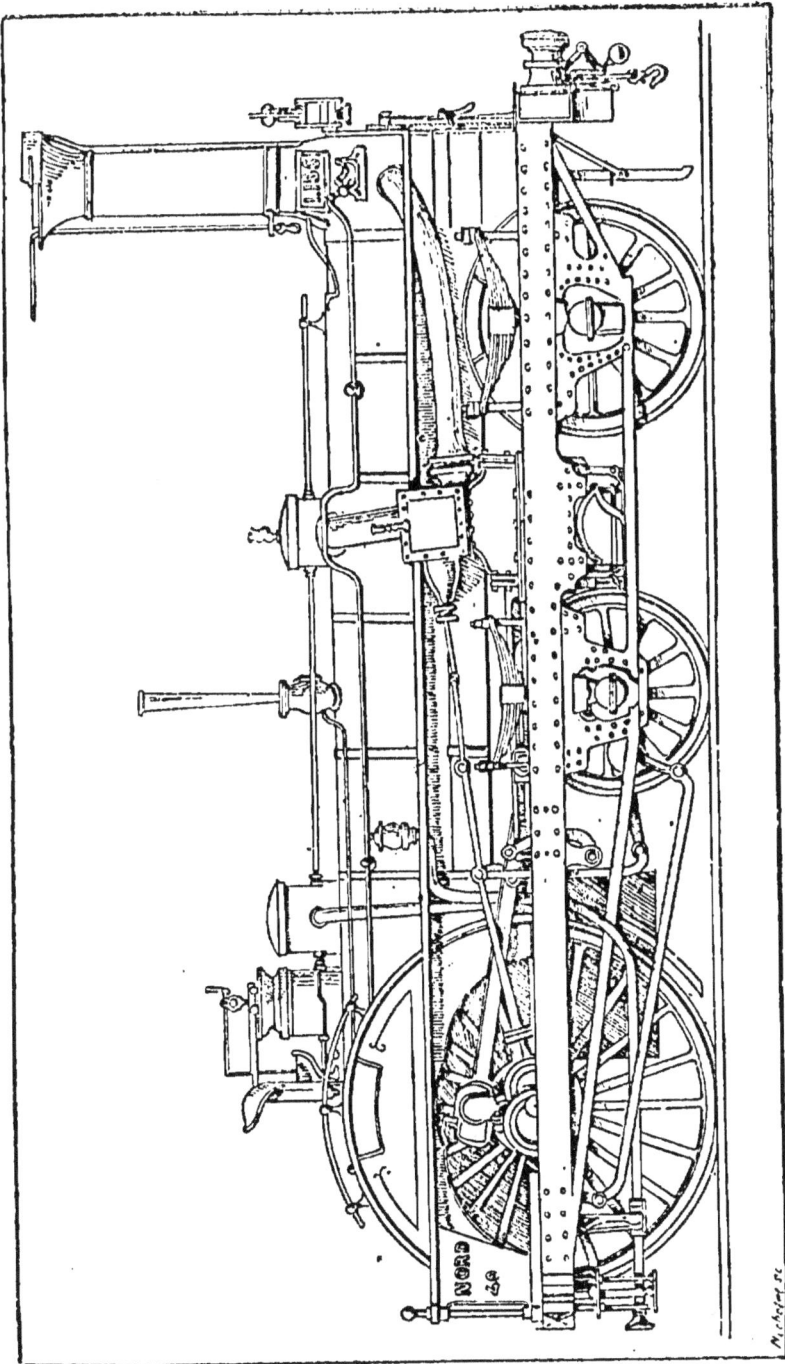

Locomotive type Crampton. — 60 kilomètres à l'heure avec train express.

LXXV. — SUR LA PLAGE

Après avoir passé une bonne nuit les enfants ont hâte de faire leur première course sur la plage.

C'est le grand-père qui les accompagne et qui, à dessein, les conduit par de petites rues jusqu'au pied d'une haute digue préservant la ville des envahissements du sable.

Une fois là, il les fait tourner sur la gauche et les place subitement en face de l'immensité de la mer.

Paul et Louis s'arrêtent, confondus par la grandeur du spectacle : La marée commence à monter, la brise est fraîche, la vague est grosse et la plage presque déserte.

Devant eux le ciel et l'eau ; sous leurs pieds un sable jaune foncé semblant arraché à des débris de roches noires ou brunes ; et à l'horizon, deux ou trois navires roulés par la mer et s'éloignant des côtes.

Après un silence les enfants ne peuvent retenir ce cri : « Grand-père, c'est beau ! »

« — Oui, répond le bon papa, c'est beau ! Et quand vous aurez passé quelques jours ici, vous sentirez encore mieux tout le charme qui attire l'homme vers l'Océan.

Mais promenons-nous afin de gagner de l'appétit pour notre déjeuner.

« Vos estomacs de citadins ont besoin de confortable. L'air salin creuse ; et il faut bien manger pour résister à la fatigue, car j'espère que nous allons ensemble courir un peu partout.

« J'ai, Dieu merci ! conservé bon pied, bon œil, et il me semble en vous sentant à côté de moi que mon fils a encore votre âge.

« Cette après-midi je vous achèterai une pelle pour creuser dans le sable, une boîte de fer-blanc pour mettre vos trouvailles, une épuisette et des filets pour attraper les crabes, une loupe pour étudier les petits animaux, un marteau pour casser les galets, des casquettes avec une visière de marin et un bavolet de toile pour vous préserver du soleil, et nous commencerons nos excursions. »

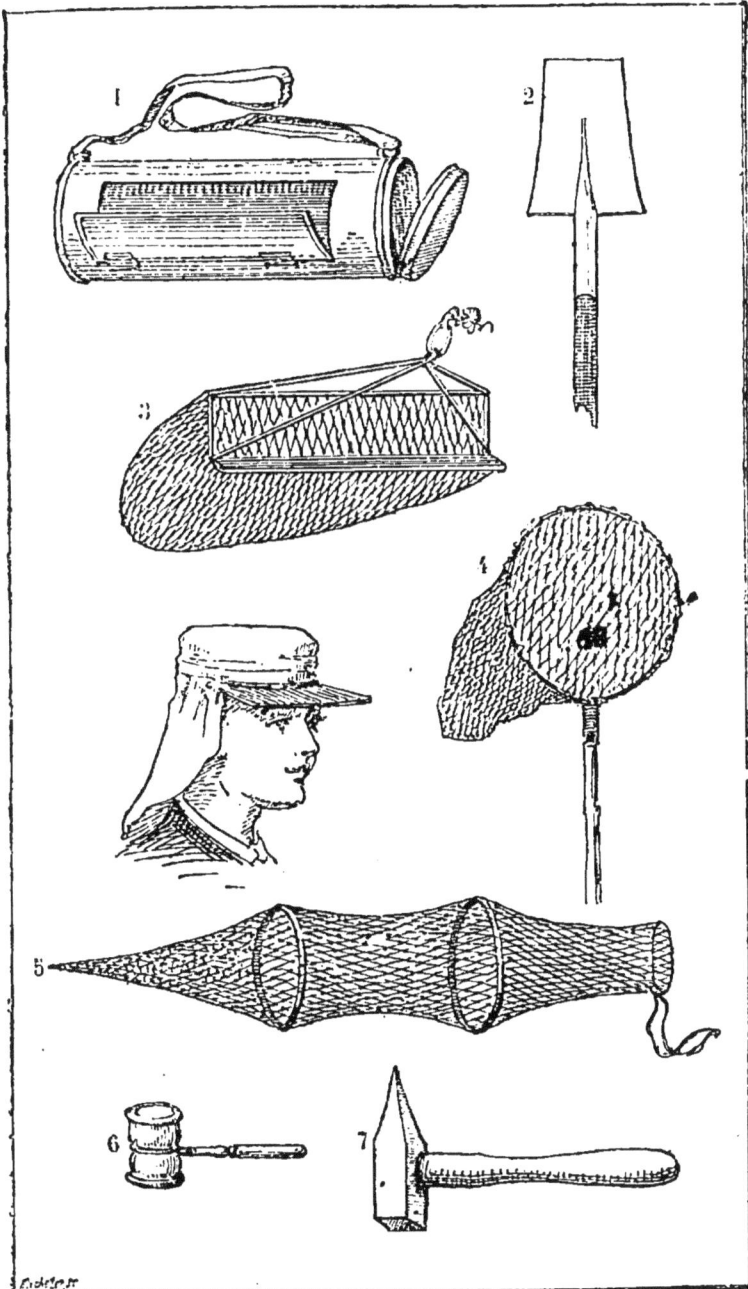

1. Boîte de fer-blanc. — 2. Pelle. — 3. Filet. — 4. Épuisette. — 5. Nasse.
6. Loupe. — 7. Marteau à pointe.

LXXVI. — A MARÉE BASSE

Lorsque la mer se retire, les enfants se rendent de nouveau sur la plage ; et tout équipés, vont à droite et à gauche examiner les dépôts que les vagues laissent sur le sable et dans les trous des rochers.

Ils trouvent de nombreux coquillages de diverses formes et de différentes couleurs.

Le grand-père leur fait distinguer ceux qui n'ont qu'une coquille et qu'on nomme Univalves, de ceux qui en ont deux et qu'on appelle Bivalves.

Univalves ? Bivalves ? Paul et Louis comprennent facilement ces mots.

Uni.... unité.... une. — Bi.... bis.... deux.

Une valve, une coquille. Deux valves, deux coquilles.

Ils choisissent quelques-uns de ces coquillages qui sont fort jolis, et avec une épingle ou un couteau en retirent l'animal encore vivant.

En sentant combien sa chair est molle, ils ne sont pas étonnés d'apprendre qu'il porte le nom général de Mollusque.

Voici ceux que les enfants mettent dans leur boîte :

La petite porcelaine, toute rose avec quelques taches noirâtres ;

Les patelles, avec leur pointe au centre les faisant ressembler à des chapeaux chinois ;

Les buccins, dont la coquille ondulée miroite au soleil ;

Les murex, imitant la tête de bécasse ;

Et les couteaux, dont les lames se rapprochent comme les côtés d'une gaîne.

Le bon papa promet de leur donner deux magnifiques porcelaines orange qu'il a rapportées de ses voyages, et il leur recommande d'employer leur soirée à laver les coquillages, à les dessiner sur un album et à écrire au-dessous de chaque mollusque la date du jour où il a été pêché.

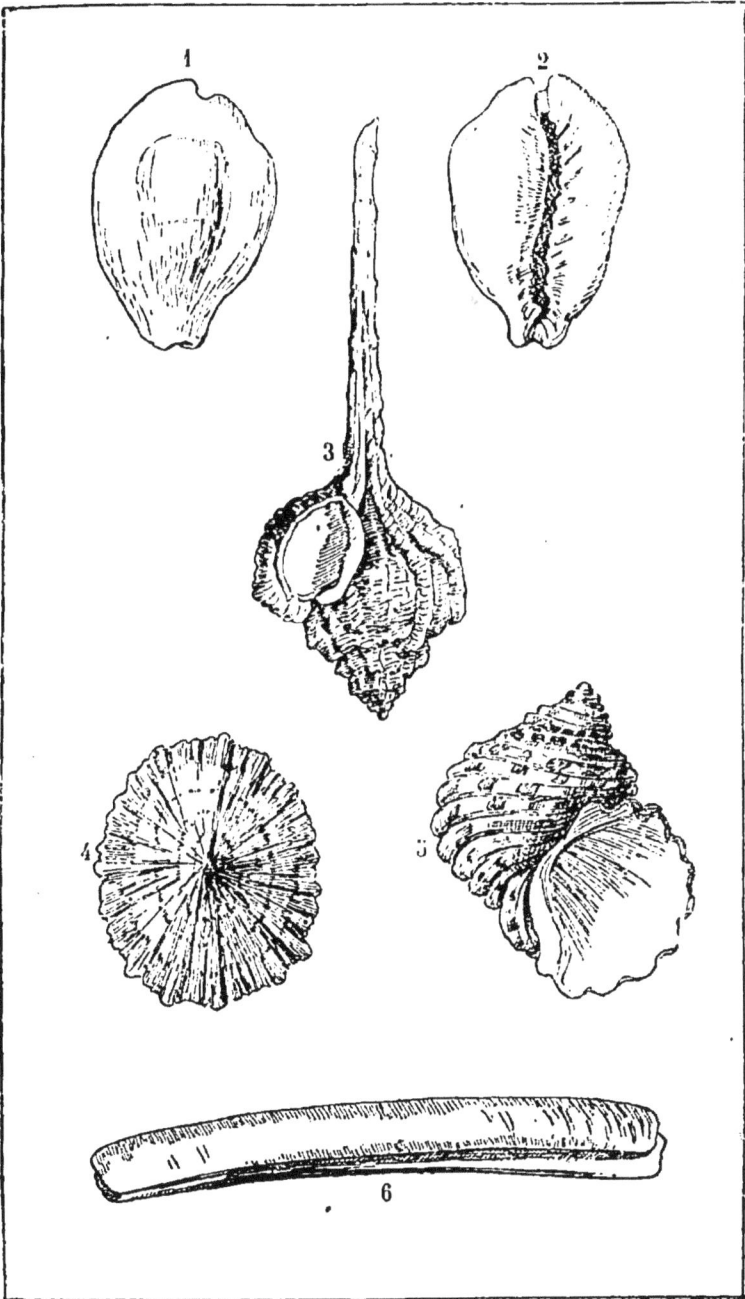

1 et 2. Porcelaine. — 3. Murex. — 4. Patelle. — 5. Buccin. — 6. Couteau.

9.

LXXVII. — SUR LES ROCHERS

Une autre fois on se dirige vers des rochers à fleur d'eau que la marée découvre lorsqu'elle est tout à fait basse.

Pour y arriver il faut sauter de place en place par-dessus de petites flaques, et faire un long détour afin d'éviter les traînées de mer qui glissent sur le sable.

C'est un véritable plaisir de voir les enfants courir et prendre leur élan.

Paul, qui va toujours un peu en étourdi et qui ne doute de rien, tombe en plein dans une mare, tandis que Louis, qui est plus calme, prend sa pelle, détourne l'eau de son courant et se ménage tranquillement un passage.

Ces courses leur font le plus grand bien. Leurs joues commencent même à brunir et leurs mains à devenir un peu rugueuses.

Bientôt on les prendra pour de vrais pêcheurs!

C'est à qui sera le plus habile.

Louis présente à son grand-père une grosse étoile de mer qui rampait sur le sable et cherchait avec ses suçoirs à s'accrocher aux rochers.

Elle marchait en posant un de ses bras, puis elle le contractait et tirait dessus pour avancer.

Le bon papa la regarde en dessous avec la loupe.

Il distingue très bien sa bouche.

Le rond du milieu du corps, qui s'appelle disque, est très curieux à voir avec ses points brillants sous la lentille.

Il la donne à Paul qui, en la recevant maladroitement, lui arrache un bras.

Il en est tout désolé; mais en apprenant que l'étoile de mer a la puissance de le reconstituer ou de le faire re-pousser, il répare sa faute en la portant dans un filet d'eau bien courante qui lui rend la liberté.

A son tour il veut trouver quelque chose.

Il fouille dans les trous, regarde partout et s'empare d'un objet qu'il croit être une châtaigne de mer.

A l'aspect on s'y tromperait, car c'est une boule aplatie toute hérissée de piquants.

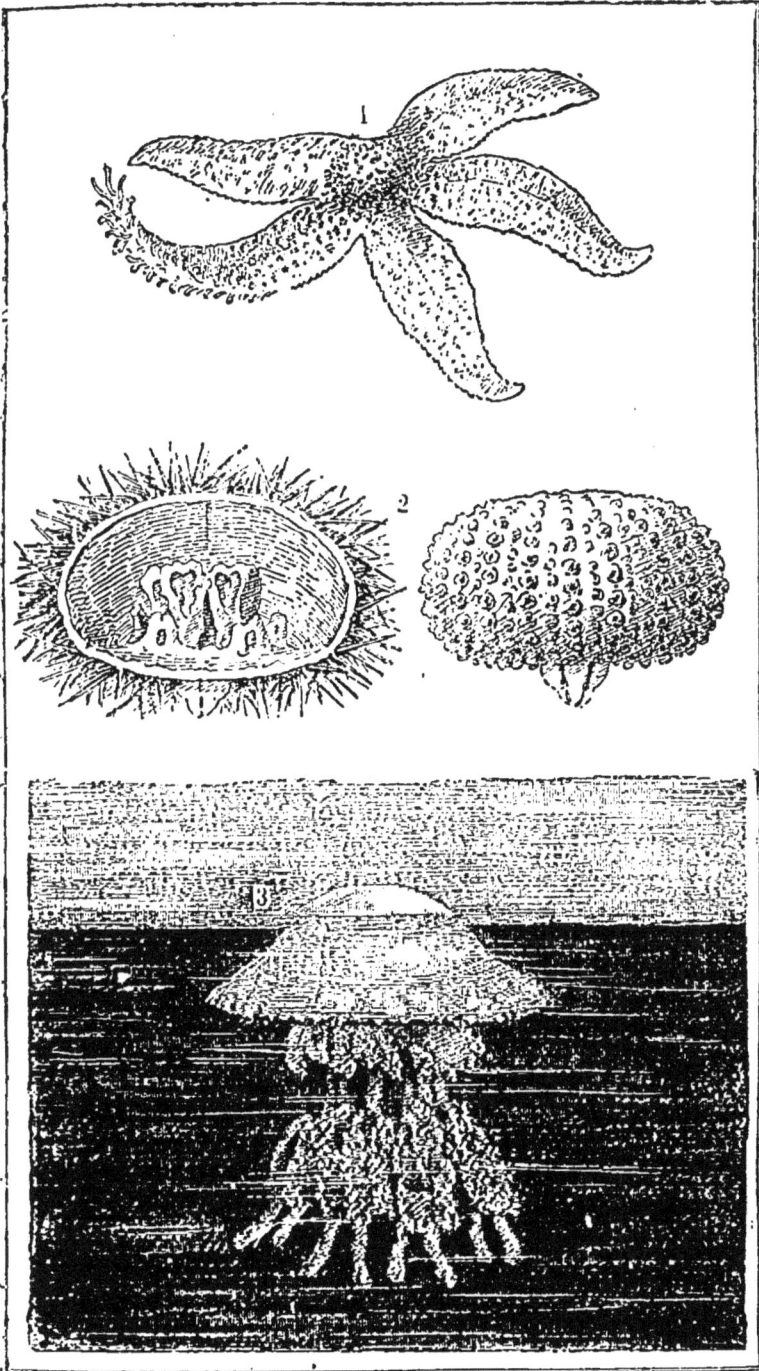

1. Étoile de mer. — 2. Oursin. — 3. Méduse.

LXXVIII. — L'OURSIN ET LE CRABE

Ce n'est pas une châtaigne, mais un être vivant : en le posant dans l'eau il remue.

C'est l'Oursin. animal très curieux à observer .

Tous les piquants qui le couvrent sont des bras qui lui servent à cheminer.

En le retournant on voit l'ouverture qui constitue sa bouche, et en le coupant en deux on peut étudier ses organes.

Les enfants sont surpris de lui trouver des dents et de voir le grand-père le nettoyer et l'avaler en disant : « C'est excellent ! cela me rappelle le goût de la langouste que nous avons mangée hier. »

Cette langouste, avec ses pinces, ses pattes et ses yeux saillants, les avait fort occupés. Ils avaient cassé la carapace qui l'enveloppait comme une croûte, et s'étaient dit que les crabes qu'ils avaient trouvés en si grand nombre sous les pierres devaient être de la même famille :

« De la famille des Crustacés. »

Quelques pas plus loin, ils font justement sauver un gros crabe qui, les pinces en l'air et les yeux rouges de colère, court en se penchant de côté s'enfoncer dans le sable.

Paul le suit ; et au moment où il va disparaître, il enlève avec sa pelle la motte dans laquelle il s'est réfugié et le jette dans l'épuisette où il se débat en cherchant encore à pincer les doigts de Louis.

Mais la marée qui commence à monter oblige les enfants à retourner vers la ville. Sur leur chemin ils rencontrent plusieurs méduses échouées sur la plage et ressemblant à d'énormes champignons d'un bleu violet.

Ils les renversent et voient qu'elles se composent d'une boule et de tentacules pendants comme les racines d'un arbuste.

Leur aspect est répugnant. Aussi les enfants s'empressent-ils de s'en éloigner et de se diriger vers un endroit où ils entendent rire aux éclats.

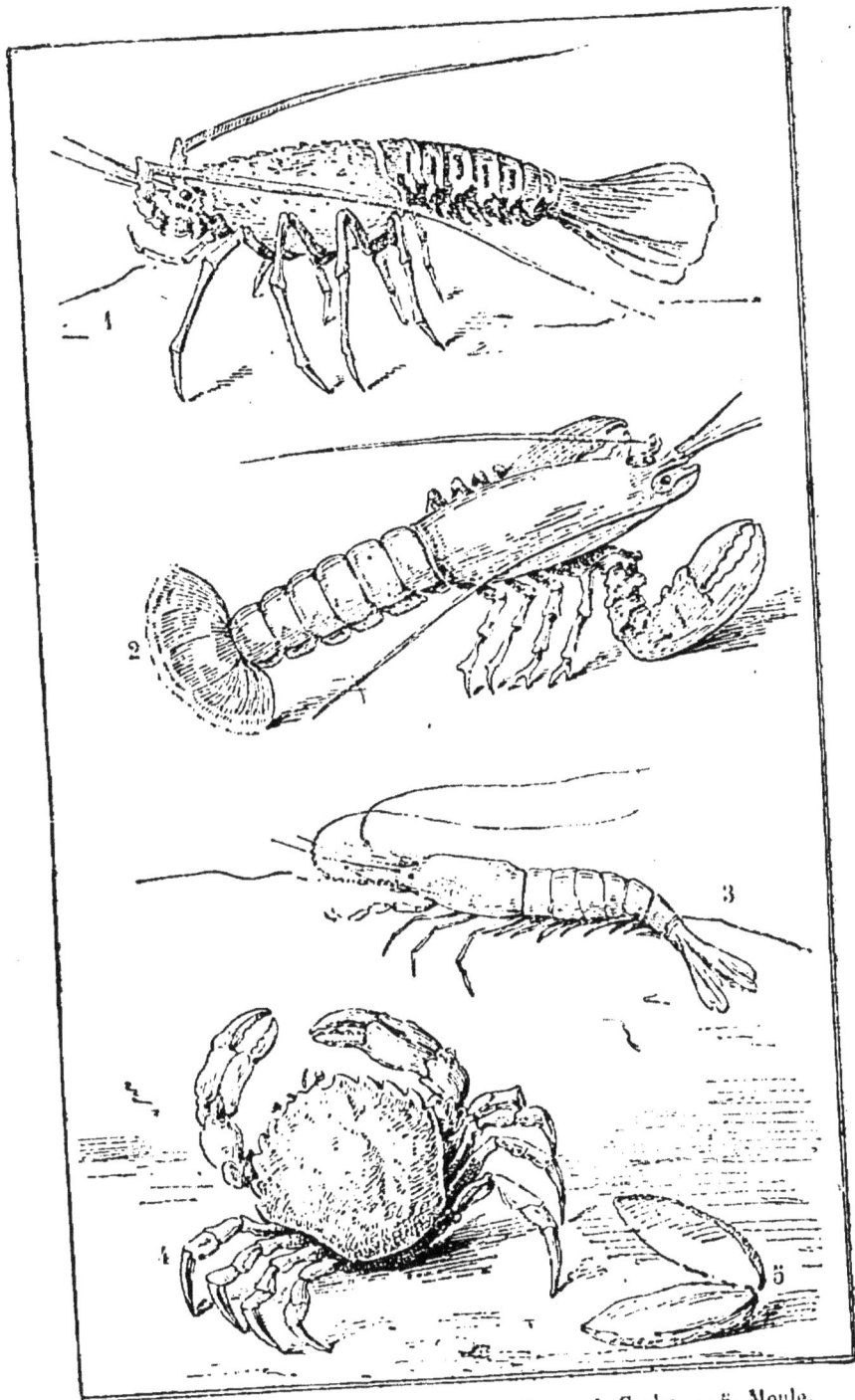

Crai 1. Langouste. — 2. Homard. — 3. Crevette. — 4. Crabe. — 5. Moule.

LXXIX. — L'ORGUE DE BARBARIE

Paul et Louis arrivent au milieu d'un groupe de petits garçons et de petites filles qui sautent au son d'un orgue de Barbarie.

Ils sont là une cinquantaine de tous les âges et de toutes les tailles qui s'agitent en cherchant le pas de la polka, pendant que le joueur d'orgue tourne sa manivelle et après chaque air va tendre sa sébile.

Paul et Louis l'attendent au passage pour lui donner leur offrande et lui dire tout bas.

« Voudrez-vous, tout à l'heure, lorsque tout le monde sera parti, nous laisser toucher à votre orgue? Nous serions contents de savoir comment il marche. »

Le bonhomme, persuadé que cette complaisance lui procurera une nouvelle gratification, ne demande pas mieux que de se mettre à leur disposition, et il descend son instrument et en soulève le couvercle.

La première chose apparente est un cylindre ou rouleau mis en mouvement par une manivelle.

Ce cylindre est couvert d'une quantité de pointes de cuivre disposées de façon à venir rencontrer en tournant des touches formant un clavier intérieur.

Chaque pointe qui soulève une touche lui fait ouvrir une soupape fermant un tuyau où le vent arrive, poussé par des soufflets.

Dans les orgues d'église on voit les gros tuyaux dont les embouchures forment les jeux, et les grands soufflets qui sous l'impulsion des bras et quelquefois des pieds du souffleur alimentent l'instrument.

Mais dans l'orgue de Barbarie les tuyaux et les soufflets restent cachés dans la boîte. C'est le cylindre qui par la transmission de la rotation fait agir ces derniers.

Par une combinaison très ingénieuse, le rouleau peut se déplacer et venir présenter aux touches des pointes produisant les airs les plus variés.

— Un petit orgue de Barbarie s'appelle une serinette.

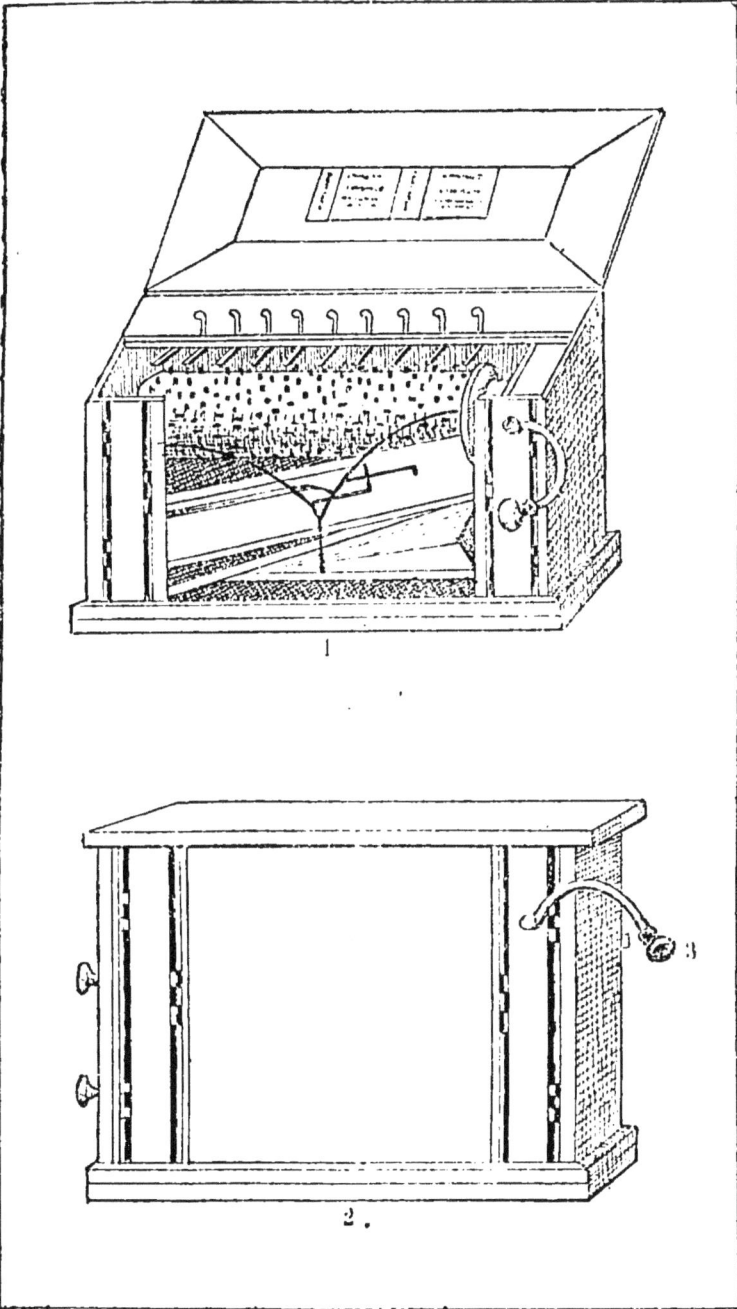

1. Orgue ouvert montrant le cylindre, les touches et les soufflets. — 2. Orgue fermé. — 3. Manivelle.

LXXX. — LE VIEUX PÊCHEUR

Après avoir quitté le joueur d'orgue, Paul et Louis vont avec le bon papa faire leur première visite à une famille de pêcheurs demeurant à côté des grands-parents. Le mari part tous les deux ou trois jours tendre ses filets à quelques lieues des côtes, et la femme va matin et soir à la pêche aux crevettes.

Ce sont de pauvres gens à qui la grand'mère de Louis vient fréquemment en aide, car elle sait qu'il leur faut du courage, la pêche étant souvent peu productive et la vague bien haute et bien froide!

Bonne-maman leur a tricoté un couvre-pied, un gilet, un jupon et des bas : elle a bon cœur et se dit que si les circonstances lui ont rendu la vie facile, elle doit la rendre bonne en faisant le bien autour d'elle

Du reste, elle n'oblige pas des ingrats.

De temps en temps le pêcheur lui apporte un beau poisson, et sa femme n'est jamais plus heureuse qu'en présentant sur une serviette un buisson de crevettes bien fraîches.

Louis a aussi beaucoup d'affection pour le vieux pêcheur qu'il connaît depuis plusieurs années, et il est même devenu très libre dans sa maison : c'est lui qui montre à Paul les filets suspendus aux solives du plafond, les lignes, les hameçons et les paniers, et qui lui fait toucher le vêtement de toile goudronnée, les grandes bottes et le capuchon du marin.

Le pêcheur fait un excellent accueil aux deux enfants et il les invite à venir pendant une après-midi faire avec lui une promenade en mer.

Cette promenade plairait beaucoup à Paul et à Louis, s'ils étaient certains de ne pas être malades!

Mais ils ont asssisté depuis leur arrivée à la descente des voyageurs du paquebot-poste, et ils se souviennent de leurs figures pâles et décomposées après la traversée :

Cela ne leur donne pas le désir de s'embarquer!

Le vieux pêcheur.

LXXXI. — AU LARGE

Cependant, sur les instances du grand-père, Paul et Louis se décident à accepter l'invitation du pêcheur et peu de jours après ils se rendent sur le quai où est amarrée sa barque.

Le flot balance mollement le bateau qui, à son avant, montre peints en belles lettres d'or, son nom, son numéro et sa devise.

Le temps est magnifique et le vent qui s'élève du large souffle régulièrement.

Juste assez pour filer sans être trop penché ni trop gêné pour les manœuvres.

Les deux matelots et le mousse qui doivent aider le patron sont sur le pont, occupés à tendre les voiles et à laver le parquet.

Encore quelques minutes et les enfants vont descendre.

Le pêcheur passe le premier, les soutient sur les échelons de l'échelle de fer scellée dans le mur et les fait asseoir à l'arrière.

Puis il prend le gouvernail, commande de tirer le câble d'attache et donne le signal du départ.

En se sentant remués, Paul et Louis jettent un regard sur les maisons qui s'éloignent et ils se rapprochent l'un de l'autre; mais déjà ils sont dans le chenal ou dans la partie du port qui conserve l'eau à marée basse et fait communiquer les bassins avec la pleine mer.

Le chenal est creusé entre les deux jetées, ou estacades, dont l'une a un kilomètre de longueur, et l'autre de 7 à 800 mètres.

Ces jetées sont bâties sur pilotis, c'est-à-dire sur des pieux enfoncés dans la vase et consolidés avec du ciment hydraulique.

Elles préservent le port de l'envahissement des sables et modèrent la force des vagues qui viennent s'y briser pendant les gros temps.

On trouve à leurs extrémités des plates-formes et des bancs.

C'est là qu'on vient donner de la main un dernier adieu à l'ami qui s'en va, et qu'on suit des yeux le navire qui emporte quelquefois nos plus chères affections.

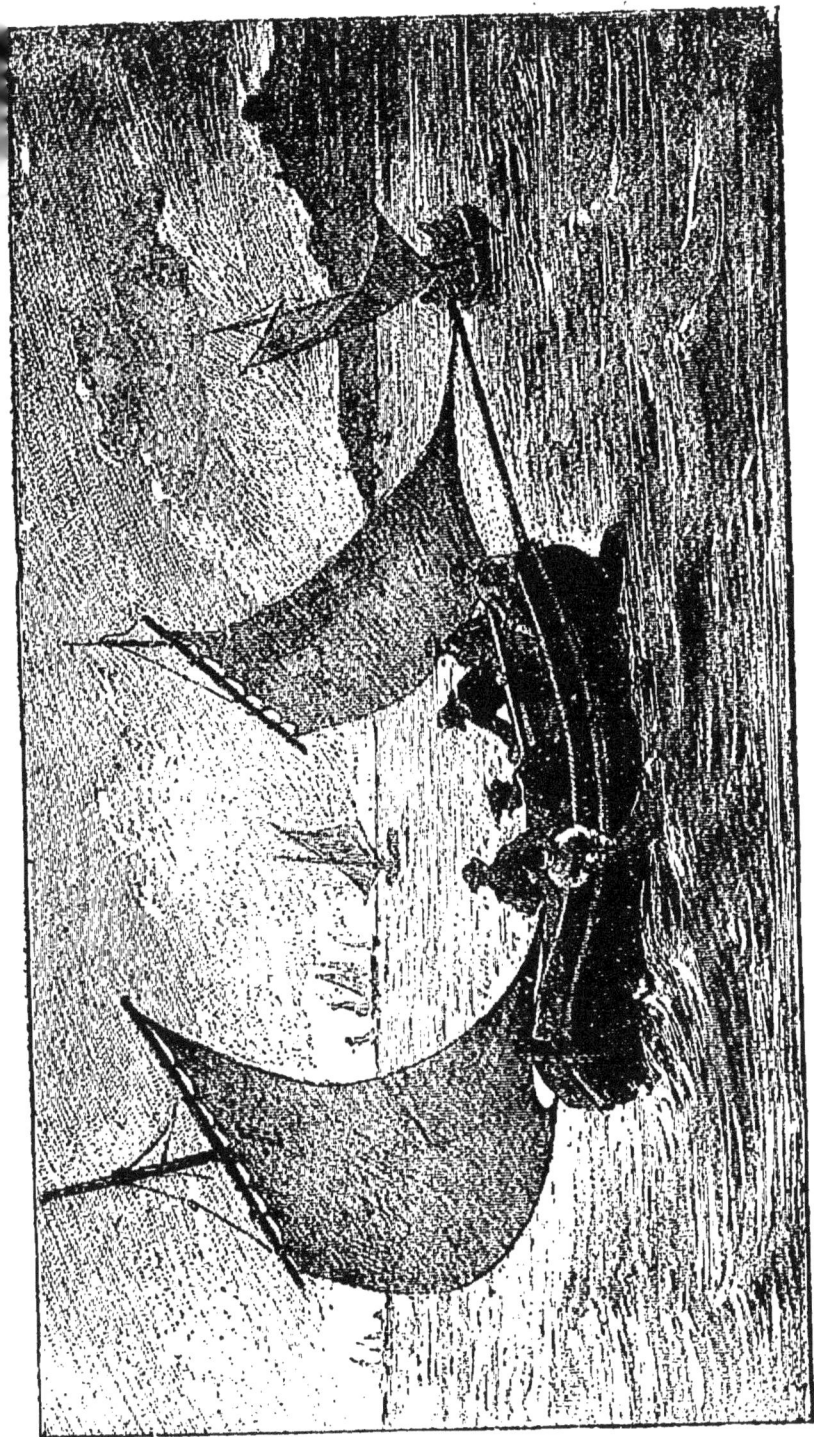

La promenade en mer.

LXXXII. — LE PHARE

A peine la barque a-t-elle passé la jetée, qu'elle s'incline sous le vent et saute par dessus les premières lames.

Un bon coup de gouvernail, une voile retournée, et la voilà partie vers la haute mer.

Le pêcheur prend alors sa grosse vareuse, la met sur le fond du bateau, y place les enfants en leur appuyant la tête et le dos sur les bords du banc qui contourne l'arrière, et leur recommande surtout de ne pas s'effrayer si la crête de quelques vagues vient les toucher au passage.

Paul et Louis n'ont pas peur; et comme ils n'ont pas le mal de mer, ils peuvent jouir tout à leur aise du plaisir que procure une excursion par un temps favorable.

Leur promenade se prolonge tard : le soleil est couché lorsqu'on parle de rentrer, et au loin apparaît le phare qui de minute en minute envoie son feu à plus de 30 kilomètres.

Le pêcheur fait virer de bord et diriger l'embarcation vers le sémaphore qui indique la tête de la jetée et marque la quantité d'eau contenue dans le chenal.

A peu de distance, on croise un vieux ponton portant en haut de son mât un feu flottant qui signale un écueil qu'il faut éviter, et bientôt on sent le roulis s'amortir et le vent tomber.

On est dans les eaux de la rade : on ne tarde pas à arriver.

Paul et Louis sont contents.

Ils remercient les matelots qui leur répondent:

« A votre service, les petits enfants, s'il vous plaisait un jour de pousser jusqu'en Angleterre?

— En Angleterre, répète Paul en s'adressant au pêcheur, la traversée serait-elle longue ?

— Oh! à peine le temps de perdre la France de vue.

Parlons plutôt de rester comme je l'ai fait quarante cinq jours en mer et d'aller dire bonjour aux sauvages.

— Comment, répond Louis, vous avez été chez les sauvages?

— Certainement; et demain je vous raconterai ce que j'ai pu voir. »

Sémaphore. — Bouée. — Phare.

LXXXIII. — EN PAQUEBOT

Avant de se livrer à la pêche côtière, le pêcheur avait servi sur les paquebots qui font le voyage d'Europe en Australie.

Ces bâtiments, construits pour le transport des voyageurs et des marchandises, offrent tout le confortable possible.

On y est souvent mieux que chez soi.

Il s'y trouve un salon, une salle à manger, des cuisines, des salles de bains aménagées avec le plus grand luxe, et de jolies cabines meublées en acajou, garnies de deux lits, de toilettes, de tables, de chaises, de glaces, où la lumière et l'air arrivent par une ouverture ronde percée dans le flanc du steamer, et se fermant à volonté par un gros verre très résistant.

La vie est si agréable sur ces paquebots que certaines familles riches, anglaises ou américaines, viennent y passer des mois entiers pendant la belle saison et partent en mer comme en France on part à la campagne.

Du reste tout est prévu. On embarque des vivres frais et des animaux vivants : vaches, bœufs, lapins, poules etc., ainsi que du vin, de la bière, de la glace, de l'eau de seltz et d'autres boissons.

Aux escales, c'est-à-dire aux arrêts dans les ports d'embarquement ou de débarquement, on trouve des dépôts préparés à l'avance pour renouveler les provisions.

A bord on peut faire de la musique, se promener sur le pont, causer, jouer, écrire ses impressions et dessiner un type qui passe.

Enfin on y serait tout à fait heureux si l'on partait avec la certitude de revoir sa patrie, et si la tempête ne venait rappeler, au besoin, combien l'homme est petit et faible en face de la nature !

Le vieux pêcheur, lui, n'a pas fait la traversée aussi agréablement. Il en a subi, comme matelot, toutes les fatigues et toutes les souffrances ; et cependant, si la vieillesse ne l'avait déjà touché, il s'embarquerait encore ! Il aime le flot avec ses caprices, et lorsqu'il parle de ses aventures, il s'anime, se redresse et paraît vraiment beau !

Cabine de 1re classe à bord d'un paquebot de la ligne d'Australie.

LXXXIV. — 45 JOURS EN MER.

Quand les enfants entrent chez le marin, ils le trouvent penché sur une carte, étudiant ses voyages.

Il les fait approcher et commence ainsi :

Nous nous embarquons à Marseille.

Nous pourrions nous embarquer ailleurs : à Londres en Angleterre, à Brindisi en Italie, ou à Anvers en Belgique, mais il vaut mieux prendre les transports de notre pays et naviguer sous notre pavillon.

Nous nous embarquons donc à Marseille.

Nous nous arrêtons à Port-Saïd, à Suez en traversant le canal, à Aden, à Mahé, à la Réunion, à Maurice, à Adélaïde, à Melbourne et à Sydney.

Là nous débarquons, contents de retrouver un plancher moins mobile que celui du bateau et de voir notre voyage terminé.

— Mais, disent Paul et Louis, vous allez bien vite! Vous ne nous parlez pas du pays où vous avez vu des sauvages?

— Vous avez raison, répond le pêcheur; aussi je vais vous en causer : c'est en Australie... J'y ai passé quelques années... L'aspect du littoral est très riant. Melbourne et Sydney sont de fort belles villes dont les avenues, les jardins, les banques et les constructions particulières égalent ce que l'on peut voir en Europe, car ce sont des cités relativement jeunes où l'on n'a ménagé ni le terrain ni l'argent.

Moi, je me serais bien plu et je serais bien resté à Sydney, si je n'avais voulu parcourir l'intérieur de la contrée appelé le Bush.

J'y ai vu de vastes espaces plantés d'arbres au feuillage toujours vert et dont les plus nombreux appartiennent à la famille des Eucalyptus, d'immenses prairies naturelles, d'innombrables troupeaux et de grandes plaines où se trouvaient en abondance presque tous les minerais : l'or, l'argent, le cuivre, le plomb, l'étain, le zinc, l'antimoine, le bismuth et le diamant.

Carte de l'itinéraire de la ligne française de Marseille à Nouméa, avec escales en Australie. — Distances de Marseille : 1° à la Réunion, 5,310 milles. — 2° à Sydney, 10.783 milles (le mille égale 1.852 mètres). — Prix du passage de Marseille : 1° à la Réunion, 1.500 fr. — 2° à Sydney, 1.625 fr. (en 1re classe).

LXXXV. — CHEZ LES SAUVAGES

L'Australie a été colonisée par les Anglais qui ont dû chasser et refouler loin des côtes les sauvages qui l'habitaient. Ces sauvages sont restés anthropophages, et avec leur grosse tête et leur barbe épaisse, ils ressemblent à de véritables hommes des bois.

Voici une gravure qui les représente, et tout à l'heure je vous montrerai leurs armes.

Sur cette gravure, vous voyez d'abord les portraits du roi et de la reine d'une grande tribu, parés de colliers qui sont les insignes de l'autorité et du commandement.

Les figures sont énergiques et expriment la volonté tenace et brutale, bien que le regard ne manque pas d'intelligence et de finesse.

Ce couple est jeune encore et peut être considéré comme le type de la beauté indigène.

Au-dessous, vous avez, au contraire, le père, la mère et les enfants d'une famille de la classe pauvre.

Leur aspect est misérable, et leur hutte couverte d'écorce et bâtie avec des mottes de terre et de gazon, prouve qu'ils vivent presque à l'état sauvage.

Ce sont ces Australiens que l'on rencontre quelquefois dans les forêts et qu'il ne faut pas hésiter à menacer du révolver s'ils prennent une attitude hostile, car, dans l'intérieur du pays, les habitations sont fort éloignées les unes des autres et les routes à peine tracées.

Pour se diriger, on est obligé d'avoir recours aux observations naturelles.

Le voyageur doit consulter le lever et le coucher du soleil, examiner le tronc des arbres en se rappelant que la mousse y pousse au nord et qu'au midi l'écorce reste sèche, suivre le cours des ruisseaux, et, si le lit des rivières est presque vide, fixer la direction du versant en se guidant sur les plantes qui poussent dans la vase, penchées dans le sens de la marche de l'eau par la pression lente et continue qu'elle exerce.

Pouvoir s'orienter est une question de vie ou de mort, parce qu'on a remarqué qu'un homme égaré a une tendance fatale à tourner sur lui-même dans une circonférence très développée jusqu'à ce qu'il tombe épuisé.

Chefs australiens. — Hutte d'indigènes.

LXXXVI. — A CHEVAL

En Australie, les longues courses dans la ville et dans la campagne se font à cheval car les chevaux y sont très nombreux et très beaux, mais ils ont la mauvaise habitude, lorsqu'un cavalier leur déplaît, de s'arrêter court, de mettre la tête entre les jambes et de chercher à le lancer par un mouvement de reins à quelques mètres dans la poussière.

Heureusement, tout le monde, hommes, femmes, enfants, se tient bien en selle, et rien n'est plus gracieux que de voir des bandes de jeunes garçons courir sur leurs jolis poneys.

Voyez-vous, Monsieur Paul et Monsieur Louis, il faut vous faire de la vie des champs une autre idée que celle que l'on a en restant dans les villes, et vous dire qu'elle impose des obligations auxquelles il faut pouvoir répondre et des plaisirs qu'il faut savoir goûter.

Tenez, par exemple, chez les grands fermiers australiens, le maître surveille les ouvriers de la « Station », la maîtresse dirige le ménage, et les fils et les filles s'occupent du bétail ou de la basse-cour.

Et cela n'empêche par leur vie de famille d'être très intime et d'être entourée de toutes les satisfactions que donne une habitation bien installée !

On y passe ensemble d'excellentes soirées car au salon les frères et les sœurs chantent et dansent avec beaucoup de bonne grâce et de simplicité.

— C'est égal, dit Louis, j'aime mieux vivre en France parce qu'il me semble que dans tous ces pays-là on doit rencontrer des serpents.

— Oui, répond le marin, il y a en Australie des serpents tels que le serpent noir, le serpent fouet, le serpent tigré, le serpent argenté et le serpent vert émeraude qui donnent la mort en quelques heures, mais ils n'attaquent l'homme que lorsqu'ils sont touchés au passage.

Ces serpents sont très communs et s'introduisent souvent le soir dans les maisons et dans les villages.

Il n'est pas surprenant d'en trouver sous son oreiller.

Armes de guerre et de chasse des Australiens.

10.

LXXXVII. — LE SERPENT ET LE KANGUROO

Lorsque dans une chambre on trouve un serpent blotti dans un coin, il est presque toujours un peu engourdi.

Dans ce cas, on peut le tuer d'un coup de canne vigoureusement appliqué sur le dos ; ou, comme font les naturels, le saisir vivement par la queue, lui faire décrire un moulinet en l'air et lui briser la tête sur le coin d'un meuble ou sur l'angle d'un mur.

Le mouvement circulaire qui l'étourdit, ne lui laisse pas le temps de se reconnaître.

Les serpents ne sont pas, cependant, les animaux les plus incommodes :

Il y a en Australie une race de kanguroos qui se propage avec une rapidité surprenante.

Ils atteignent jusqu'à 2 mètres de haut et ressemblent par leur conformation à la gentille sarigue.

Ce sont des animaux ordinairement très doux, mais qui causent aux pâturages des dégâts si considérables qu'on est obligé d'organiser des battues et des chasses à cheval pour les détruire :

Chaque cavalier part armé d'un gourdin et assomme tous les kanguroos qu'il peut approcher.

Malheur à lui, s'il se laisse désarçonner ! le kanguroo devenu furieux se dresse et l'éventre avec les griffes de ses pattes de derrière.

Depuis quelques années, on cherche à acclimater dans nos contrées les kanguroos dont la chair est excellente à manger et qui pourraient remplacer notre gibier qui tend à disparaître de plus en plus ; et l'on commence aussi à acheter en Australie des vins qui sont très riches en alcool et très généreux comme toniques.

Seulement on a remarqué que ces vins n'ont pas de bouquet comme notre bourgogne et notre bordeaux, et que les fruits du pays manquent complètement de saveur.

Maintenant, mes petits amis, il est l'heure de nous séparer. Rentrez chez vos grands-parents, et surtout ne rêvez pas cette nuit de serpents et de sauvages.

Kanguroo géant et serpents.

LXXXVIII. — LA TASSE DE CHOCOLAT DE LA BONNE MAMAN

Lorsque Louis est en vacances, il est chargé d'un service à faire chaque matin :

C'est lui qui va prendre à l'office la tasse de chocolat pour le déjeuner de sa bonne maman et qui la lui apporte dans sa chambre.

Louis la trouve dans son fauteuil, à côté de la fenêtre où frappent les premiers rayons du soleil, occupée à coudre, à faire du crochet ou à lire une page de ses livres préférés; et il va se placer sur un tabouret à côté d'elle et lui tient compagnie.

Sa grand'mère a l'esprit cultivé, elle a beaucoup lu et beaucoup réfléchi, et elle sait pour parler à son petit-fils trouver le chemin de sa raison et de son cœur.

Aussi Louis est-il content de l'entendre et de la questionner.

Il lui a présenté son ami Paul qui a été autorisé à l'accompagner; de sorte qu'à la place d'un valet de chambre, la bonne maman en a deux :

Elle les voit arriver, l'un portant la tasse et la soucoupe, et l'autre la chocolatière avec ses accessoires, et osant à peine marcher, tellement ils ont peur de casser quelque chose.

Ce serait vraiment fâcheux, car le service est en belle porcelaine de Sèvres décorée avec un goût charmant :

« Un simple filet d'or pâle et quelques fleurs bleues de myosotis. »

Les grands-parents y tiennent parce que c'est un souvenir de la naissance du père de Louis; et il leur semble que si l'une des pièces venait à manquer cela ne porterait pas bonheur à leur fils.

Ils se plaisent à dire qu'ils sont allés souvent à la manufacture de Sèvres avant de faire leur choix, et qu'ils ont été émerveillés de la richesse des collections et surpris de la simplicité du travail de fabrication.

Voici comment ils racontent à Paul et à Louis ce qu'ils ont vu pendant leurs visites :

Chocolatière. — Porcelaines et poteries.

LXXXIX. — A SÈVRES.

Chaque fois que nous allions à Sèvres, dit la bonne maman, nous nous arrêtions longtemps dans les salons du musée céramique où il y a tant de belles choses qu'on ne peut se lasser de les admirer : des poteries antiques, des porcelaines de la Chine et du Japon, des faïences d'Italie et de France, des statuettes, des vases d'ornement, des services de table, etc.; et nous nous demandions, en les regardant, comment le génie de l'homme peut arriver à transformer en pareils chefs-d'œuvre l'argile grossière de la terre.

Nous aimions aussi entrer dans les ateliers de fabrication et suivre le travail des ouvriers qui, avec une grande complaisance, donnent aux visiteurs toutes les explications nécessaires.

Ils montrent la matière première, le kaolin qui provient en grande partie des environs de Saint-Yrieix dans la Haute-Vienne; puis cette même matière lavée, délayée, agitée dans l'eau, décantée plusieurs fois et pétrie avant d'être soumise au tour.

Ensuite ils mettent le tour en mouvement en faisant remarquer qu'il est composé d'un axe vertical et de deux disques : un grand disque qui tourne avec le pied, et un petit qui reçoit la pâte qu'ils façonnent avec les mains.

On voit les ouvriers enfoncer le pouce, les doigts, la main tout entière dans le milieu du morceau pour faire un cornet, un vase, une aiguière ou une coupe, et détacher habilement ces objets avec un fil métallique.

Enfin on peut les regarder employer des moules de plâtre reproduisant en creux la forme des tasses, des anses et des socles, et couler dans ces moules une bouillie épaisse qui, en abandonnant l'eau qu'elle contient, devient ferme en peu d'instants.

On trouve sur la table de l'atelier quelques travaux qui ont déjà été soumis à une première cuisson :

Ils sont poreux et très mats.

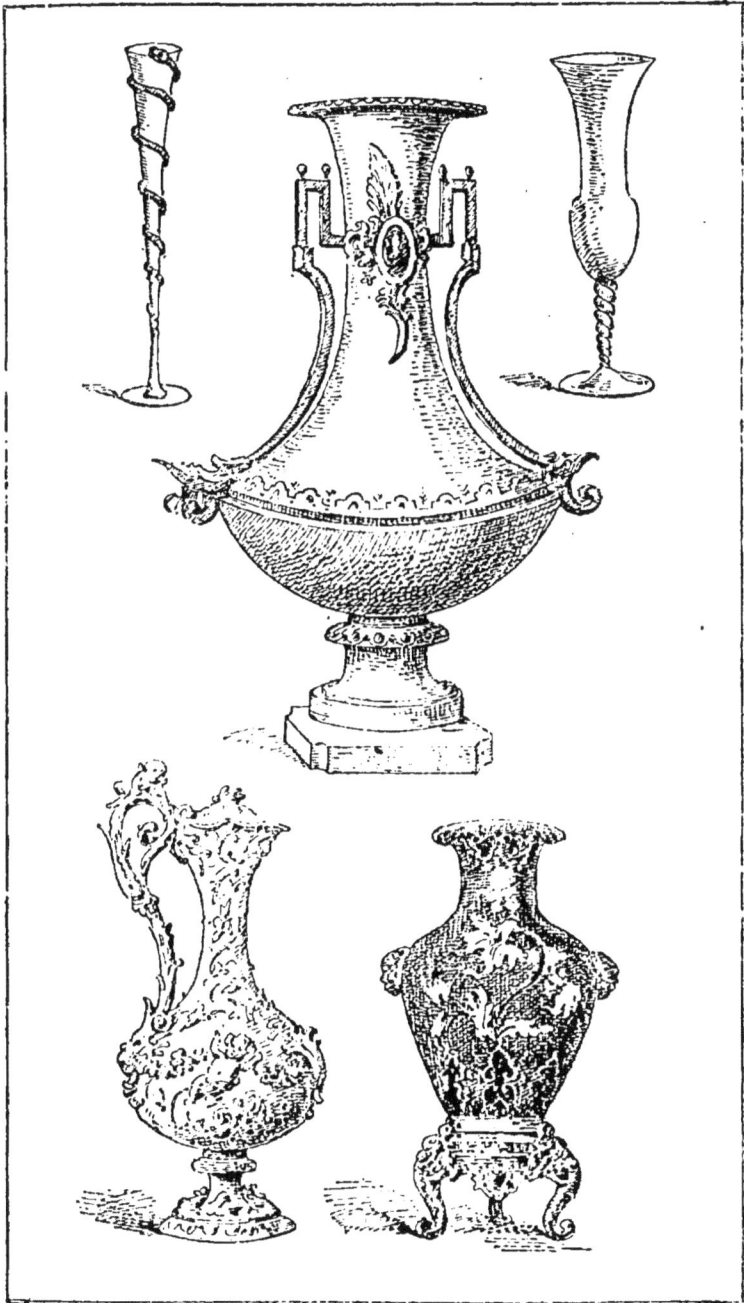

Vases de Sèvres.

XC. — A SÈVRES (suite)

Pour donner de l'éclat à ces porcelaines, les ouvriers les trempent dans un bain d'émail.

Ce bain est composé de feldspath, substance minérale qui, au four, fond et s'étend comme une glace transparente.

En retournant une tasse ou un bol, on distingue très bien la partie qui n'a pas reçu cette couverte. Elle est restée rugueuse. C'est par là que l'objet fabriqué a été posé dans le four.

Il nous a été permis de voir aussi comment se fait la décoration par impression.

Le dessin est d'abord gravé sur une planche de cuivre. On passe sur cette planche un rouleau imprégné d'huile et de couleur d'or, et l'on tire l'épreuve sur une feuille de papier préparé.

On colle ensuite cette épreuve sur la porcelaine blanche, puis on la lave légèrement à l'eau qui délaye le papier et ne laisse que l'or du dessin.

Cette dorure est terne. Pour la rendre brillante, il faut la polir à l'aide d'outils d'agate dont je vais vous faire le croquis en même temps que celui de la tournette qui sert pour les filets entourant les pièces.

Sur le centre du plateau que vous voyez, l'ouvrier place, par exemple, une assiette, règle la position de sa main et par un mouvement vif fait tourner l'outil. Le filet est tracé en quelques secondes.

Mes enfants, j'aurais encore bien des choses intéressantes à vous dire : je pourrais vous parler de la décoration au pinceau qui est la véritable peinture sur porcelaine, vous expliquer comment l'on broie et l'on mélange les couleurs, quels usages on fait du godet, de la palette, du couteau à étendre, comment l'on surveille les grands feux ou les petits feux, et surtout vous apprendre les noms des artistes français dont le talent est admiré du monde entier.

Mais je dois me contenter de vous expliquer seulement ce que vous pourriez voir vous-mêmes si, un jour, vous alliez à Paris.

Promettez-moi que votre première visite serait pour la manufacture de Sèvres.

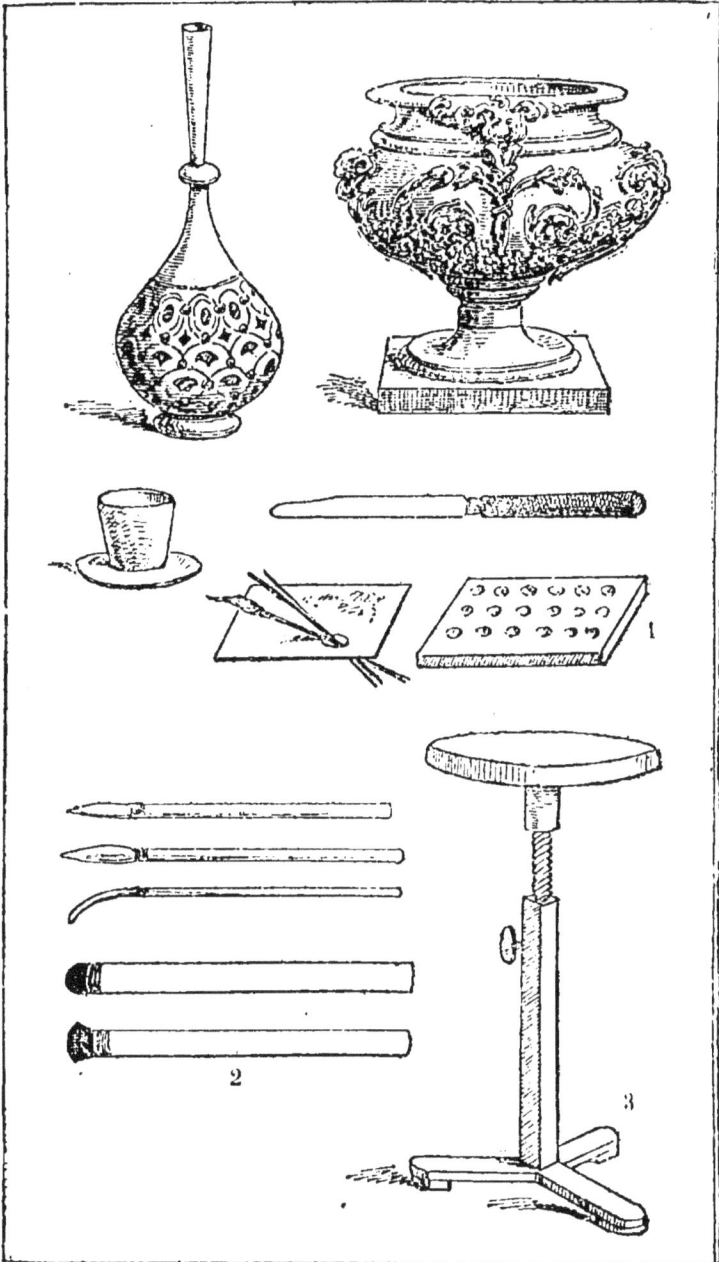

1. Godets et palette. — 2. Outils de la brunisseuse. — 3. Tournette.

XCI. — LE POSTE DES PILOTES

Nous retrouvons plus tard les deux enfants sur la jetée
à côté du poste des Lamaneurs.

Ils sont montés sur la plate-forme qui termine l'échelle
du guet et regardent la mer avec une longue vue, pendant
que le père de Louis fait part au chef pilote de l'inquiétude
où le laisse le retard d'un brick qu'il attend.

Le pilote le tranquillise et lui répond qu'on aperçoit
peut-être déjà ses voiles à l'horizon.

Puis il prend sa jumelle et va se placer à côté de Paul
et de Louis.

Voyez, leur dit-il, ce gros steamer qui passe au large
en soufflant comme un poussif. C'est un charbonnier anglais ou un navire chargé de houille qui fait le cabotage.

Il s'éloigne vers l'ouest en croisant une gracieuse goëlette
russe glissant légèrement vers le nord. On distingue fort
bien les pavillons des deux bâtiments.

Un peu plus près de nous, voici un trois-mâts améri-
cain dont toutes les barques de pêcheurs se détournent
promptement.

Au sommet du premier mât flotte une flamme rouge
indiquant que la cargaison se compose de pétrole ou de
matières inflammables, et qu'il faut éviter de s'en approcher.

Il est même interdit aux matelots qui le montent de
fumer à bord.

Plus loin, le garde-pêche est en position sur son petit
bâtiment blindé de cuivre et armé d'un canon.

Il doit empêcher de tendre des filets trop près de la côte
afin de ménager la reproduction du poisson.

Souvent il est obligé de se montrer sévère, car, en mer
comme sur terre, il y a des braconniers et des contrebandiers.

Lorsque le **garde-pêche** constate un délit il donne un
premier avertissement, et s'il n'est pas écouté il court de
l'avant et coupe net les filets posés aux endroits réservés.

Monsieur Louis, appelez vite votre père. Je reconnais
son brick avec le pavillon jaune et blanc de l'armateur.
Il va pouvoir entrer facilement : c'est l'heure de la *pleine
mer* et l'on vient de hisser au mât des jetées Nord et Sud
le signal indiquant que les bassins à flots sont ouverts.

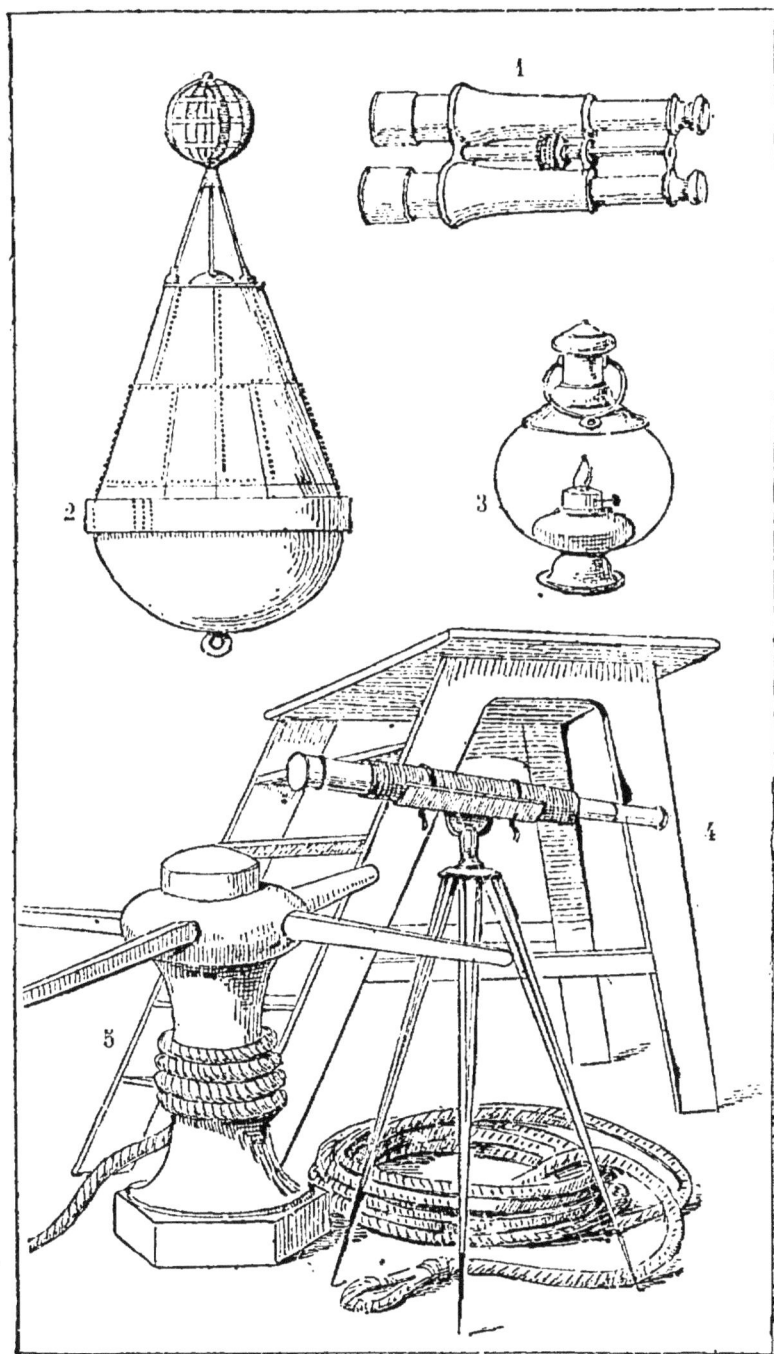

1. Jumelle marine. — 2. Bouée flottante. — 3. Lanterne. — 4. Plate-forme et longue vue. — 5. Cabestan.

XCII. — LES SIGNAUX DU PORT.

Le capitaine nous a vus et il se prépare à interroger avec ses signaux le gardien du sémaphore qui lui répondra en employant le même moyen :

Que demande-t-il?

« S'il est aperçu? » On lui répond : Oui.

« Si la marée est forte? » Oui, il y a déjà six mètres d'eau dans le port.

Monsieur Paul et monsieur Louis, voici les pavillons qui représentent les chiffres correspondant au répertoire en usage dans les ports de mer et dont tous les capitaines doivent avoir un exemplaire. Ce répertoire permet de poser des questions et de donner des réponses en se servant de la mâture des navires et de celle du sémaphore de la jetée.

Mais vous comprendriez mieux cela en descendant dans ma cabine et en copiant notre tableau indicateur...

Vous indiquerez par des lettres les couleurs des pavillons : par exemple, R pour rouge, N pour noir, et chez vous, vous ferez de légères aquarelles pour fixer les tons.

Prenez votre crayon: Marée basse (1). Le baromètre monte (2). Temps douteux (3). Le baromètre baisse (4). Coup de vent du Nord (5). Coup de vent du Sud (6). Tempête du Nord (7). Tempête du Sud (8). L'entrée du port devient mauvaise (9). Appel aux sauveteurs (10). Le canot de sauvetage va sortir du port (11)...

Lorsque, malheureusement, ce dernier signal est donné, les sauveteurs sautent dans le canot de la *Société humaine* et partent au-devant du danger avec un courage admirable. Ils sont attachés aux flancs du bateau qui, étant fermé à l'avant et à l'arrière par des cloisons étanches et ayant sa quille fortement lestée, devrait se maintenir toujours sur l'eau. Cependant il n'est pas rare qu'il s'enfonce complètement et qu'il se retourne d'un coup avec les marins. Ceux-ci, alors, se secouent et repartent avec encore plus d'ardeur en songeant aux camarades qui vont peut-être périr.

Enfants, lorsque vous rencontrerez sur le quai un sauveteur avec ses médailles sur la poitrine, saluez-le

C'est un brave!

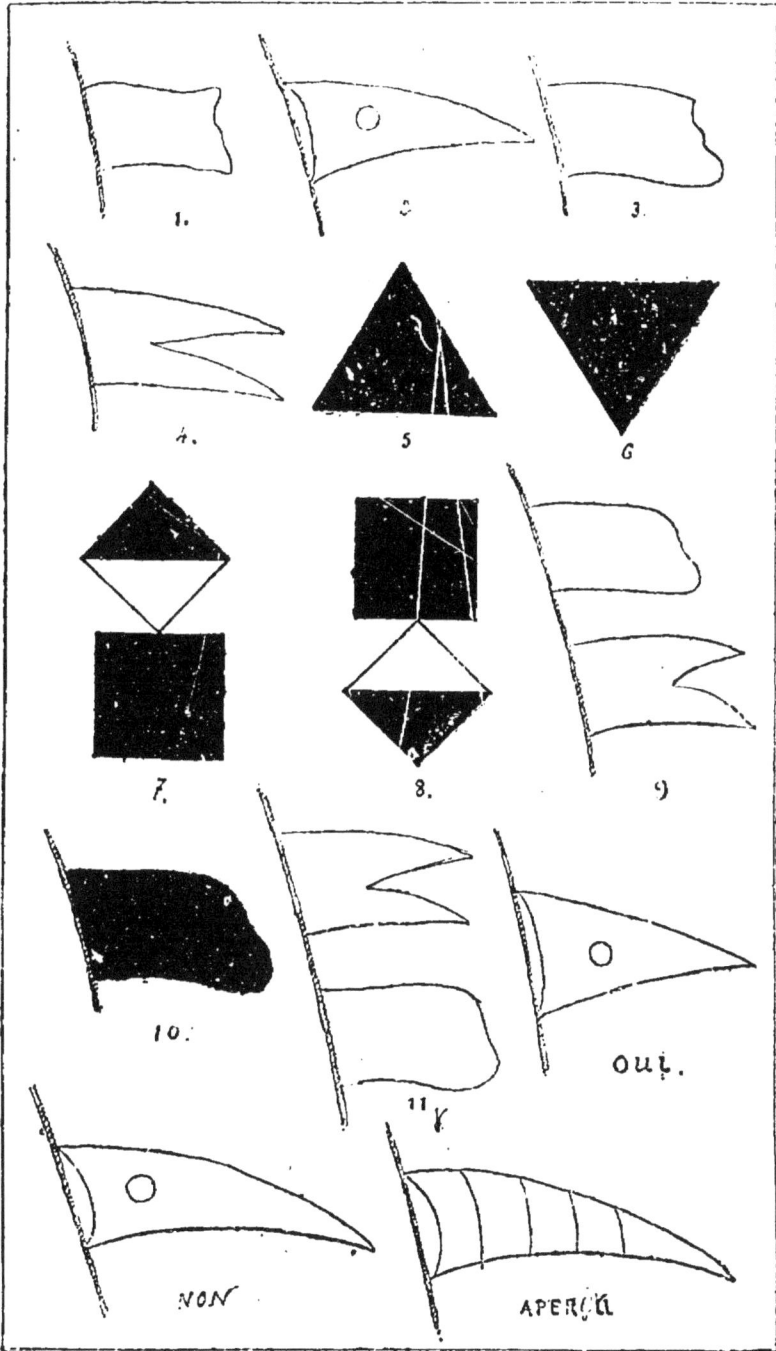

Les pavillons pour les signaux du port.

XCIII. — UNE BONNE PÊCHE

Pendant cette conversation le chenal est devenu libre, et de toutes parts les barques arrivent dans les bassins.

Les enfants reconnaissent leur vieil ami le pêcheur qui rentre aussi et qui les appelle, en faisant de ses mains un porte-voix :

« Courez jusqu'à l'avant-port, leur crie-t-il, je vais délarquer.

« J'ai fait une bonne pêche. »

Paul et Louis se pressent et arrivent juste au moment où les matelots jettent l'amarre pour accoster.

La femme du pêcheur est déjà là, entourée de voisines qui viennent l'aider à monter les paniers.

La joie de revoir les marins, et peut-être aussi l'abondance de la pêche, les rendent un peu bavardes.

Elles tirent les cordes, amènent les charges sur le quai et rangent les poissons par espèce et par grosseur sur des haquets qui serviront à les transporter au marché à la criée.

Le pêcheur envoie d'abord les plus belles pièces :

Les turbots, les raies, les bars et les anguilles de mer; puis les moyennes :

Les soles, les barbues, les mulets et les rougets;

Et enfin les petits poissons :

Les limandes, les plies, les merlans et les sardines.

Il ne garde au fond de la cale que des coquillages et des huîtres de roche que sa femme vendra dans la ville.

Le père de Louis qui s'est approché félicite le marin de sa réussite et il ajoute :

« Venez donc ce soir dîner avec les enfants.

« J'ai l'intention de faire atteler à huit heures notre calèche de voyage et de les mener voir le feu d'artifice à la fête de la sous-préfecture.

« Vous monterez avec nous. »

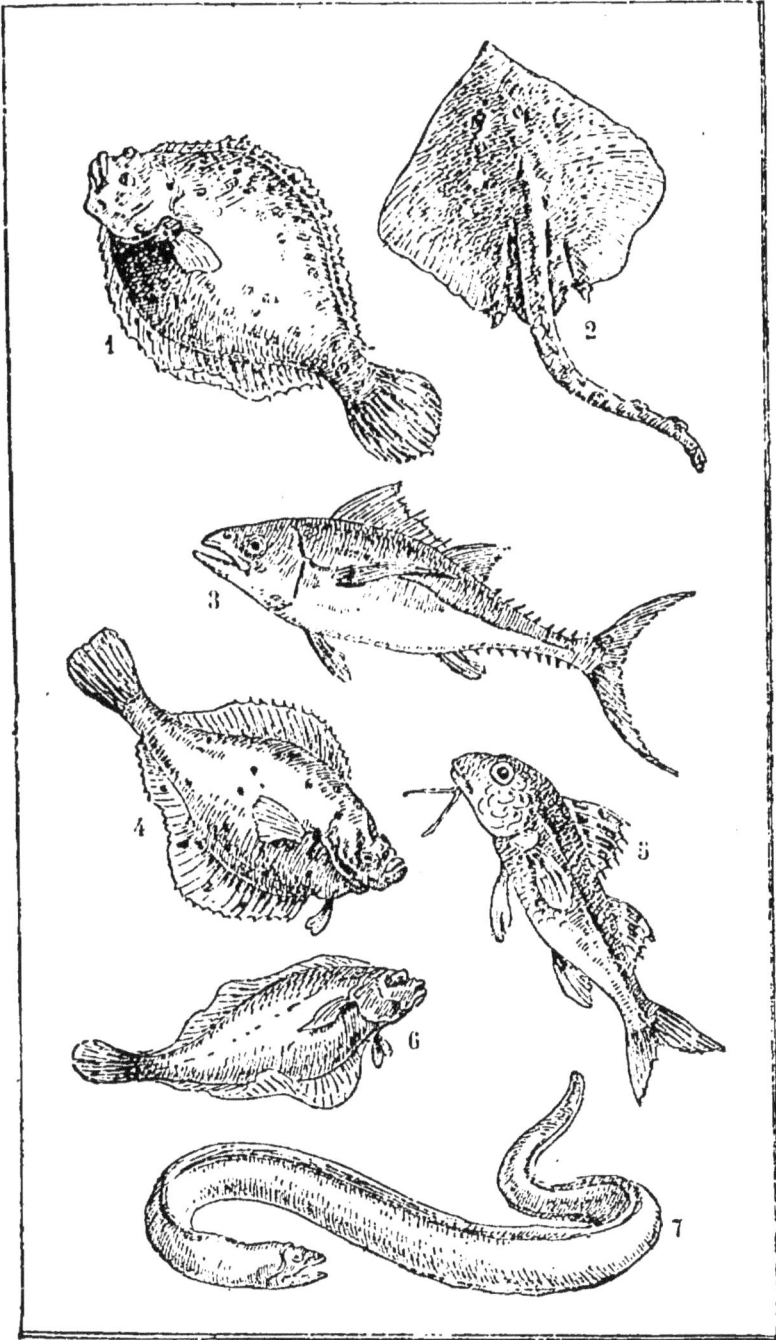

1. Turbot. — 2. Raie. — 3. Bar. — 4. Sole. — 5. Rouget. — 6. Limande.
7. Anguille de mer.

XCIV. — LE PREMIER PAS DANS LE MONDE

C'est la première fois que le pêcheur est invité à s'asseoir à la table des grands-parents.

Aussi fait-il un peu de toilette :

Il choisit sa plus belle vareuse, sa casquette neuve avec des ancres entrelacées au-dessus de la visière, son pantalon de drap et sa cravate piquée d'une perle qu'il a achetée à Ceylan.

Ainsi habillé, il est bien.

Pour le marin, mettre la vareuse fine, c'est faire autant que le citadin qui enfile l'habit noir de soirée ou que le bourgeois qui endosse la redingote croisée de cérémonie !

Il a mis tout ce qu'il a de plus beau pour être digne de ses voisins, et il va voir que ceux-ci ont trop de tact pour ne pas l'apprécier.

C'est la bonne maman qui reçoit le pêcheur et qui, lui montrant une chaise à côté d'elle, lui dit :

« Je sais que pendant la promenade en mer vous avez été rempli de prévenances pour mes petits-enfants, et que vous leur avez choisi le meilleur endroit de votre bateau en vous privant même de votre veste de laine pour les faire asseoir plus commodément.

« Permettez-moi, à mon tour, de vous donner la place d'honneur. »

Le vieux pêcheur en est tout ému, mais il ne tarde pas à retrouver son assurance et à prendre part à la conversation en répondant à Paul et à Louis qui lui demandent toujours une foule de choses.

Bientôt on se lève et on monte en voiture.

Il fait un beau clair de lune et une soirée très douce.

A une certaine distance dans la campagne, un tricycle qui passe à toute vitesse laisse entrevoir, au feu violet de sa petite lanterne, le profil comique d'un garçon pâtissier qui disparaît en chantant un refrain béarnais qui doit être bien connu des enfants, car ils mettent aussitôt la tête à portière et crient ensemble :

« Père La Brioche, attendez-nous au pied de la montagne ! »

La calèche de voyage du grand-père de Louis.

XCV. — LE PÈRE LA BRIOCHE ET SON TRICYCLE

Le père La Brioche est une des curiosités de l'endroit.

Lorsqu'il apparaît avec sa coiffure et sa veste blanches, il est immédiatement entouré d'une clientèle de petits garçons qui l'admirent tout en contemplant ses gâteaux qui ont une véritable renommée.

On sait son histoire :

Il avait d'abord commencé par vendre sur un éventaire la pâtisserie qu'il pétrissait lui-même.

Puis son pécule grossissant, il avait pris un aide, ouvert une boutique, acheté un tricycle pour pouvoir aller dans les villages voisins porter sa marchandise, et élargi encore le cercle de ses affaires.

Le père La Brioche est un homme avisé qui réussira...

Il est rejoint dans la vallée par Paul et Louis qui descendent pour monter au pas avec lui, car il vient de s'arrêter et de se reposer un instant.

Père La Brioche, disent-ils, vous nous feriez bien plaisir si, avant de repartir, vous nous expliquiez le mécanisme de votre tricycle.

— La chose est facile, répond le marchand ; en cinq minutes vous allez le comprendre :

Mon tricycle a trois roues qui sont disposées en triangle pour le rendre plus stable. Les grandes roues sont motrices et sont actionnées par l'engrenage et la chaîne que vous voyez. La petite roue ne sert qu'à donner la direction au véhicule.

Chaque fois que je fais tourner une pédale, je fais aussi tourner une roue d'engrenage entraînant la chaîne sans fin qui, à son tour, met en mouvement l'autre roue d'engrenage attachée à la grande roue de côté.

De cette façon, en employant de la force pour faire aller une petite roue, j'en fais tourner une grande.

Je gagne ainsi de la force et de la vitesse.

Mais, les enfants, j'entends une bombe éclater.

Hâtons-nous ; le feu d'artifice ne nous attendrait pas !

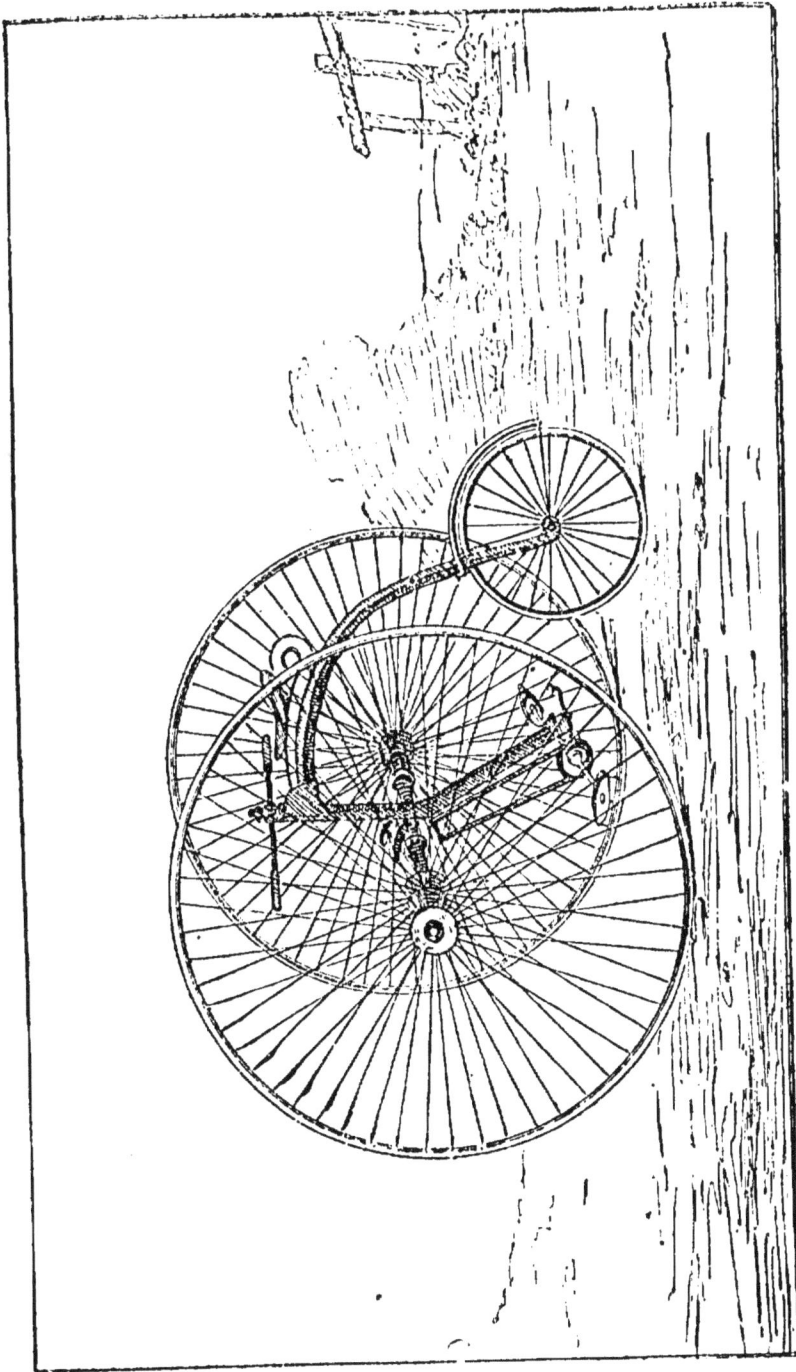

Le tricycle du père La Brioche.

XCVI. — LE FEU D'ARTIFICE

En effet, à peine est-on arrivé sur le plateau que le feu d'artifice commence.

Les enfants s'arrêtent et choisissent un endroit bien découvert qui laisse voir toute la ville illuminée, détachant sur le fond sombre de la forêt voisine, par des rangées de verres de couleur ou des rampes de gaz, les lignes d'architecture de ses édifices.

Le coup d'œil est très curieux : des fusées blanches, bleues, jaunes, vertes, rouges, lancées à la volée par les artificiers au moyen d'une petite baguette d'osier, partent de la place centrale, s'élèvent à une grande hauteur et retombent en pluie de feu.

Ces fusées se composent de nitre, de soufre et de chlorate de potasse enfermés dans une cartouche cylindrique en carton ou en papier fort, au centre de laquelle on introduit une mèche imbibée de gomme, d'alcool et de poudre.

A sa base, on fixe un petit pot pour loger la garniture, c'est-à-dire les serpents, les pétards et les étoiles.

Les couleurs des fusées sont produites par l'incandescence de corps mêlés à leur composition : le bleu est donné par de l'antimoine; le vert, par du vert-de-gris ; le jaune, par de la colophane; le rouge, par de la craie, etc.

La grande pièce qui représente un trophée de marine avec canons, fusils, sabres, revolvers, drapeaux, ancres, canots, filets et cordages, est la réunion sur une charpente formée de planchettes assemblées de ces différents feux; et le bouquet qui monte vers le ciel comme une touffe de fleurs, est une gerbe des plus belles fusées.

Tout cela forme un ensemble féerique que les enfants et le vieux pêcheur ne peuvent se lasser d'admirer et voudraient voir durer toujours.

Aussi, lorsque la fusée d'adieu éclate et redescend avec lenteur, Louis dit tristement à son père :

— C'est bien la fin de la fête, n'est-ce pas? et malheureusement c'est peut-être la fin de nos vacances?

— Oui, mes amis, répond le papa.

Après-demain nous partirons.

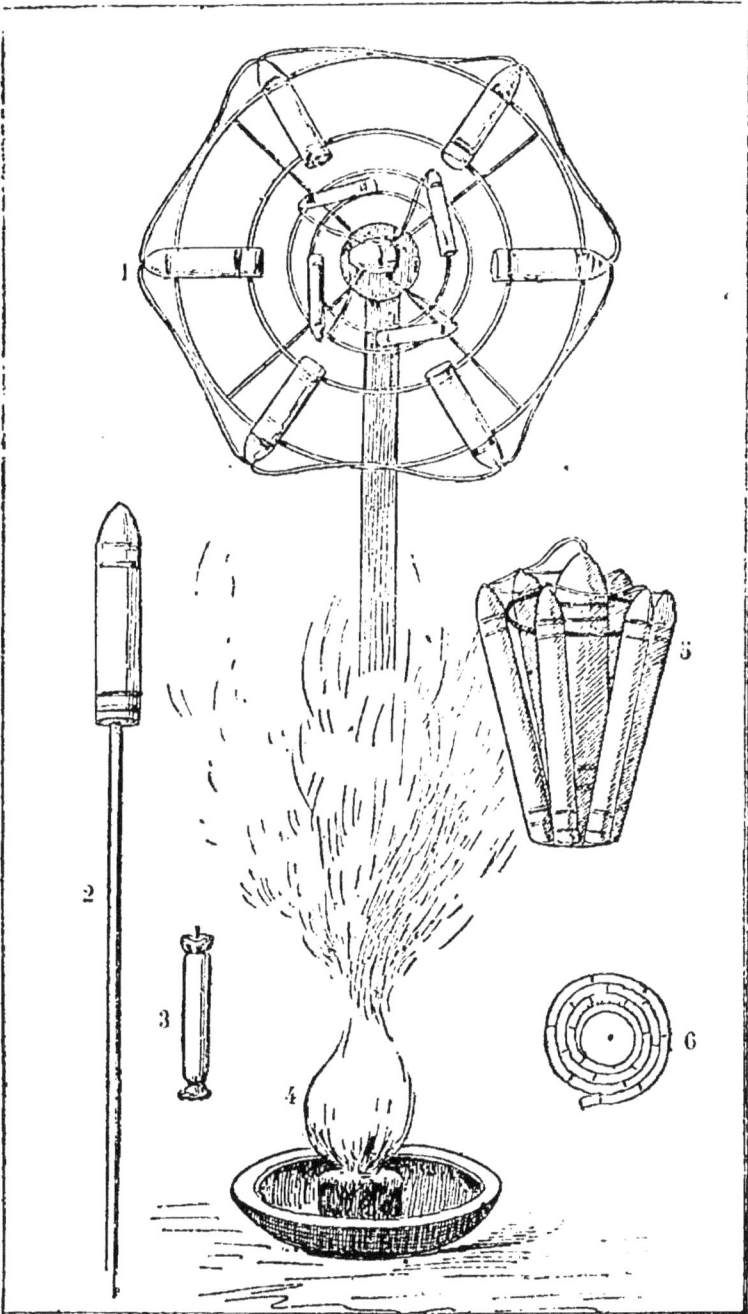

1. Petite pièce de feu de diverses couleurs. — 2. Fusée. — 3. Pétard. — 4. Feu de bengale. — 5. Chandelles romaines. — 6. Soleil.

XCVII. — LE RETOUR

Paul et Louis sont rentrés dans leur famille, heureux de se retrouver avec leur père et leur mère, de reprendre leurs anciennes habitudes, de revoir leur chambre, leurs meubles, leurs jouets, leurs livres, enfin tout ce qui constitue « ce petit chez soi » qu'il est difficile de définir, mais qui plait toujours, quelque simple qu'on le suppose.

Paul et Louis conservent des grands-parents qui les ont reçus le souvenir le plus reconnaissant. Leur vie calme et bien réglée, leur bonté et leur générosité pour les malheureux, la douceur de leur caractère, la tendresse de leurs sentiments et la variété de leurs connaissances, les ont profondément touchés.

Aussi, à peine arrivés, ont-ils voulu leur écrire ensemble une lettre de remerciements. Chacun a rédigé une page tout entière sans aucune difficulté, car il leur a suffi pour faire cela de laisser parler leur bon naturel.

Paul et Louis sont maintenant de vrais amis. Ils sentent qu'ils ne pourraient plus se quitter sans chagrin et que si dans l'avenir les exigences de la vie les éloignaient l'un de l'autre, ils seraient toujours prêts à accourir pour se tendre la main et se dire :

« Me voilà ! As-tu besoin de moi ? »

Depuis leur retour ils ont rangé leurs plantes, leurs insectes, leurs coquillages, et préparé la petite collection qu'ils ont été offrir à leur instituteur pour son musée scolaire.

Pendant leur visite à l'école ils ont pu voir la nouvelle classe et l'atelier de travail manuel qui sont déjà complètement meublés : Dans la classe, on a posé des tables d'un modèle perfectionné, des cartes murales toutes neuves et de nombreux tableaux d'histoire naturelle. Dans l'atelier, on a placé quatre tours et quatre établis et livré tout le matériel nécessaire pour les garnir

Cet atelier a beaucoup intéressé les deux enfants. Voici le dessin que Paul en a fait et les notes que Louis a prises sur son installation :

Atelier de travail manuel.

XCVIII. — L'ATELIER DE TRAVAIL MANUEL

L'atelier est exposé au nord-ouest et sa porte se trouve dans le passage couvert.

Au milieu de la salle on a réservé une large distance pour séparer les tours des établis ; et du côté des murs un couloir afin de laisser circuler aisément dans toute la pièce.

A droite sont les tours ; a gauche, les établis.

Chaque établi a reçu pour son outillage :

Un valet en fer doux, un maillet de hêtre, une varlope, une demi-varlope, un rabot de charme, une équerre à corroyer, un trusquin, un ciseau de menuisier, un bec-d'âne, un compas droit et un marteau.

De plus, on a livré pour le groupe des quatre établis :

Un guillaume, une équerre à tracer, une paire de tenailles, une équerre à onglets, une fausse équerre, une scie à araser, une scie à tenons, une scie à chantourner et une scie allemande.

Puis une série d'outils qui doivent rester à la disposition du contre-maître : Quatre presses à main, deux serre-joints, quatre ciseaux, trois gouges, six vrilles, cinq becs-d'âne, deux râpes, six bouvets, deux vilebrequins, deux fraises à bois, douze mèches, six tiers-points, une scie à cheviller, un mètre à cinq branches et quelques tourne-vis.

Dans un coin on a placé une meule et un grès ; et sur une tablette, un pot à colle avec son bain-marie, son pinceau et son fourneau.

Le bois nécessaire pour le travail a été dressé dans un cabinet annexé à l'atelier.

Il comprend pour la menuiserie, des madriers, des mètres planches, des mètres feuillets, des rebuts et du sapin de Lorraine ; et pour le tournage, du bois d'aune, de hêtre, de charme, de frêne, d'érable, de merisier et d'olivier.

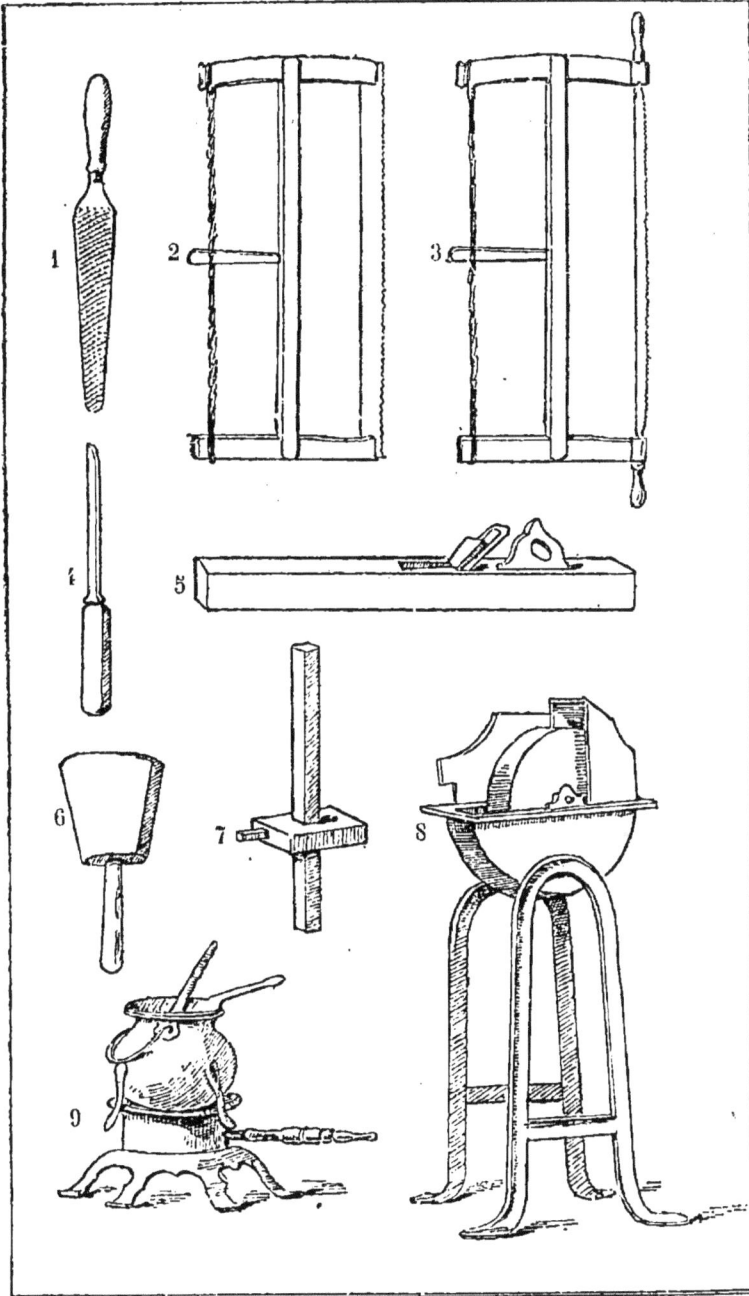

1. Rape. — 2. Scie à araser. — 3. Scie allemande. — 4. Bec d'âne. — 5. Varlope.
— 6. Maillet. — 7. Trusquin. — 8. Meule. — 9. Pot à colle et fourneau à gaz.

XCIX. — L'ATELIER DE TRAVAIL MANUEL

(SUITE)

Les tours ont de 0ᵐ,17 à 0ᵐ,19 de centre, avec banc de 1ᵐ,50 de long, bidet, support, contre-pointe et roue montée à l'anglaise.

Ils sont garnis de deux griffes sur plaque, de trois ciseaux, de trois gouges, de deux becs-d'âne, d'un grain-d'orge, de deux mandrins à queue de cochon, d'un compas droit, d'un compas d'épaisseur, d'un compas maître de danse et d'un marteau table-ronde.

On a donné au maître tourneur pour fendre son bois : un gros billot avec paillasson, une hache et un couperet ; et pour le débiter, un chevalet à bûches et une scie savoyarde.

On n'a pas oublié non plus le papier de verre, l'huile de pied de mouton, l'huile de lin et le vernis blanc au tampon.

Tout cela est bien conditionné et prêt à être mis en mains.

On n'attend plus que la rentrée des classes pour donner à l'atelier l'animation et le mouvement, car cette grande pièce sans élèves ressemble a une maison sans enfants :

C'est le vide et le silence de la solitude au lieu de la vie et du bruit de la ruche.

Encore quelques jours, et Paul, Louis, tous les camarades, vont se retrouver gais, bien portants et sous l'impression des plaisirs des vacances. Ils se remettront au travail avec courage, et lorsqu'ils attacheront le tablier de toile verte et donneront le premier coup de marteau, ils pourront se dire :

« Ce sont les années sérieuses qui commencent.

« Bientôt nous serons des hommes capables de nous suffire à nous-mêmes.

« Profitons des leçons que nous recevons et des exemples que nous avons sous les yeux. Nous deviendrons de bons citoyens méritant l'estime des honnêtes gens et continuant les traditions d'honneur et de probité que nous laissera notre famille. »

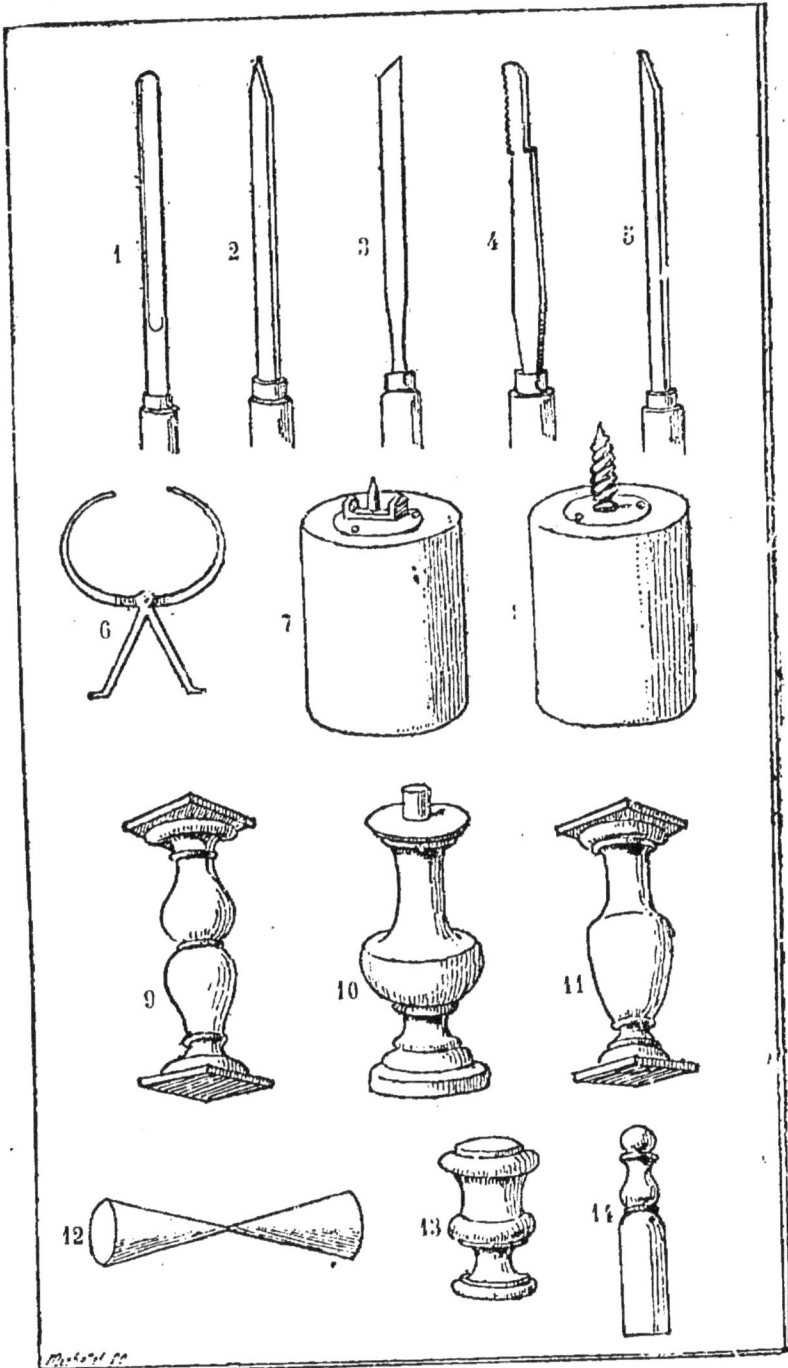

1. Gouge. — 2. Graind'orge. — 3. Ciseau. — 4. Peigne. — 5. Bec d'âne. — 6. Compas maître de danse. — 7. Griffe. — 8. Mandrin à queue de cochon. — 9, 10 et 11. Balustres. — 12. Cône double. — 13. Vase. — 14. Quille.

C. — UN DERNIER MOT A NOS JEUNES LECTEURS

Comme Paul et Louis, nous allons reprendre le travail quotidien ; mais avant de vous quitter, nous voulons vous remercier d'avoir suivi notre voyage.

Ce voyage a eu le plus grand charme, car sur la route nous n'avons rencontré que de bons petits garçons et d'excellentes gens.

Aussi, en écrivant ces pages, nous est-il arrivé souvent de faire les réflexions suivantes :

« Le monde est meilleur qu'on ne le croit. Tous
« les personnages de notre livre sont vivants, et nous
« pourrions les trouver dans bien des maisons où il
« y a toujours des parents aimant leurs enfants, des
« fils chérissant leur père et leur mère, des familles
« unies et des ouvriers honnêtes et laborieux.

« Au fond, la vie est bonne.

« Elle amène malheureusement pour tous une part
« de souffrances et de peines, mais elle sait réserver
« des joies simples et profondes tout à la fois à ceux
« qui ont de la délicatesse et du sentiment.

« Le bonheur est près de nous.

« Il se compose de toutes petites choses qui, réu-
« nies, laissent les impressions les plus douces : une
« bonne pensée, une conversation agréable, une lec-
« ture choisie, une promenade à travers les champs,
« un beau morceau de musique entendu, une

UN DERNIER MOT A NOS JEUNES LECTEURS.

« charité faite à propos : voilà, entre bien d'autres,
« quelques-unes de ces joies qui peuvent rendre
« heureux.

« Certes, il faut du courage pour gravir la côte ;
« mais, une fois arrivé, combien il est agréable de se
« retourner et de regarder le chemin parcouru !

« On ne voit pas à l'horizon que des points noirs !
« On peut aussi reposer sa vue sur de belles clai-
« rières inondées de soleil, et sur de jolis sentiers
« remplis d'ombre et de fraîcheur.

« Enfants, ayez confiance en l'avenir.

« Travaillez avec ardeur. Ménagez votre temps.
« Réglez vos forces. Soyez toujours maîtres de votre
« volonté. Devenez indulgents pour les autres. Mon-
« trez-vous modestes et discrets en toutes circons-
« tances. Choisissez vos relations selon votre position
« de fortune et votre culture d'esprit, et n'oubliez
« pas, lorsque vous serez hésitants en face d'une
« bonne ou d'une mauvaise action, de vous arrêter
« un instant et de faire appel à votre conscience.

« Ce sera un guide sûr et fidèle.

« C'est lui qui vous conduira jusqu'au sommet de
« la montagne et qui vous aidera à descendre tran-
« quillement dans la vallée où vous vous reposerez,
« en songeant à tout le bien que vous aurez pu faire
« et à tout le mal que vous aurez su éviter. »

Trophée de marine : grande pièce du feu d'artifice.

TABLE DES MATIÈRES

FIN DE LA TABLE DES MATIÈRES.

Leçons de choses.

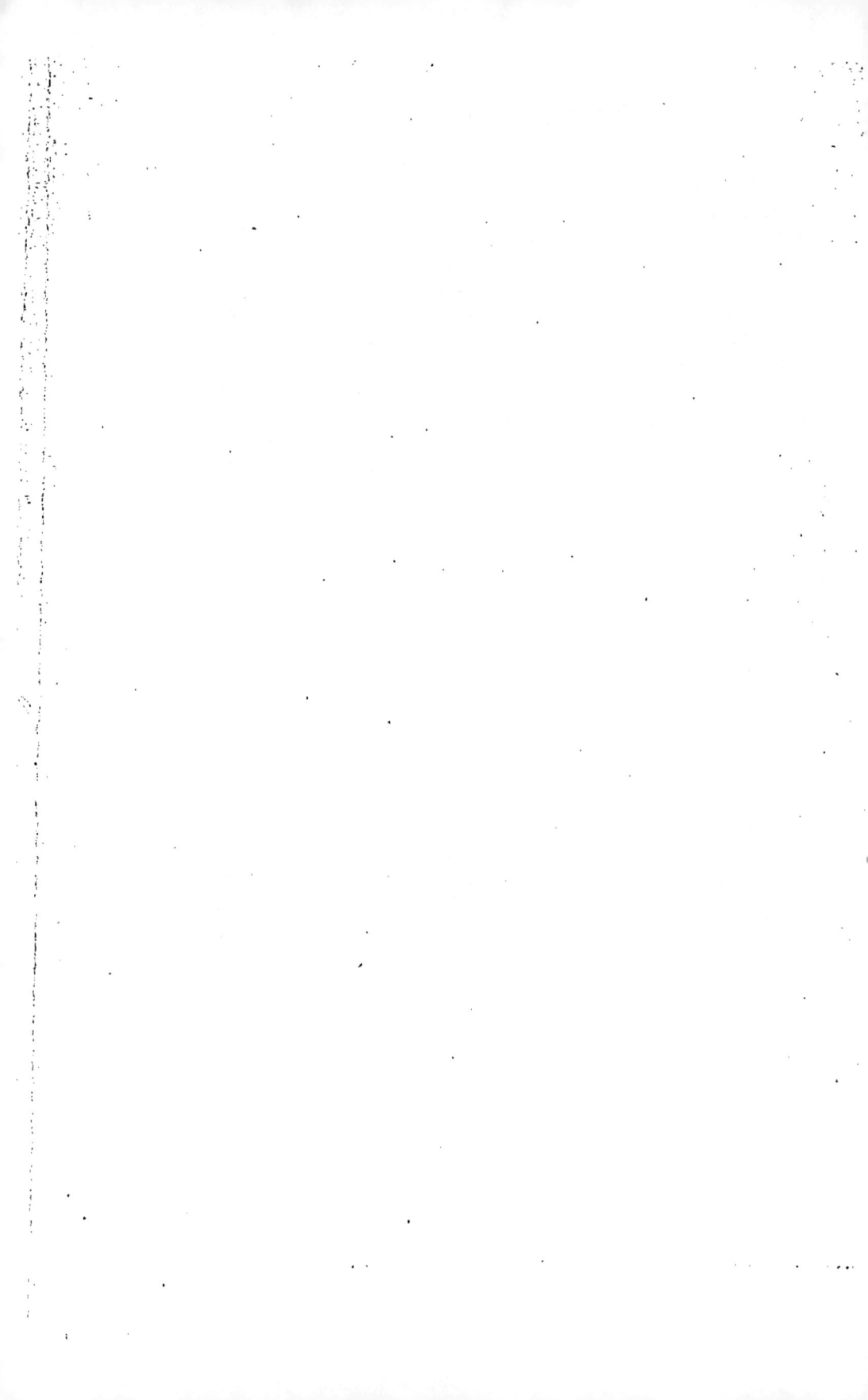

MUSÉE INDUSTRIEL SCOLAIRE

CONTENANT EN DOUZE TABLEAUX

TOUS LES PRODUITS DE L'INDUSTRIE FRANÇAISE

Par **C. DORANGEON**, professeur de technologie.

Soixante-quinze indus-tries représentées.	**Prix : 60 fr.**	Plus de douze cents échantillons.

Chaque tableau séparément. . . . . 7 fr. 50
Caisse, fermant au moyen d'un couvercle à charnières, et servant
à serrer les tableaux . . . . 8 fr. »

Chaque tableau comprend douze séries, et chaque série contient en moyenne dix échantillons. Grâce à un ingénieux système d'attache, le maître peut non seulement détacher chaque série du tableau, mais aussi chacun des échantillons. Ce procédé lui permet de ne faire passer sous les yeux de l'élève que l'échantillon qui est l'objet de son étude.

DIVISION DU MUSÉE SCOLAIRE

Le Musée scolaire est divisé en quatre parties correspondant aux besoins matériels et intellectuels de l'homme. Ce sont : 1° l'alimentation ; 2° le vêtement ; 3° l'habitation ; 4° les besoins intellectuels.

Alimentation : 3 tableaux.

1er tableau : Graines, farine et pâtes alimentaires.
2° — Légumes secs et épices.
3° — Boissons.

Vêtement : 5 tableaux.

1er tableau : Le lin et le chanvre.
2° — Le coton et le jute.
3° — La laine et la soie.
4° — Le cuir et les peaux.
5° — La teinture et le nettoyage.

Habitation : 3 tableaux.

1er tableau : Construction (les pierres et les bois).
2° — Construction (les différents métaux)
3° — Chauffage et éclairage.

Besoins intellectuels : 1 tableau.

Fabrication du papier, des crayons, des plumes, de l'encre ; imprimerie, reliure, etc., etc.

PETITE BIBLIOTHÈQUE DES CONNAISSANCES UTILES

CAUSERIES ENFANTINES ET RÉCRÉATIVES

PAR ADRIEN LINDEN

Brochures de 16 pages, format in-8 avec couverture et gravures coloriées
Prix de la brochure, 0,30.

1° le Blé; 2° le Papier; 3° le Bœuf; 4° la Houille; 5° le Fer; 6° les Défenseurs de l'agriculture; 7° le Verre; 8° le Bois; 9° la Chasse aux animaux sauvages; 10° la Pierre; 11° le Mouton; 12° Inventions et découvertes; 13° l'Argile; 14° le Chien; 15° le Chanvre et le Lin; 16° les Choses usuelles; 17° le Cuivre; 18° le Ver à soie; 19° le Sucre; 20° la Pêche maritime; 21° les Poissons; 22° le Cheval; 23° le Caoutchouc; 24° les Arts et Métiers; 25° le Globe terrestre.

IMAGERIE DES CONNAISSANCES UTILES

PAR ADRIEN LINDEN

Publiée par feuilles séparées, format couronne (36 sur 46), contenant chacune neuf dessins coloriés dont un sujet principal avec légendes explicatives donnant une idée première des objets et des choses usuelles. Prix le cent de feuilles.. **10 fr.**

L'Imagerie reproduit les mêmes sujets que la *Bibliothèque des connaissances utiles.*

BIBLIOTHÈQUE RÉCRÉATIVE, format in-32

Volumes richement illustrés, cartonnage Bradel.

In-32 carré chaque vol. . **15 c.**

AURY (V.). — **Une rage de dents.**
— **Un Voyage au Japon.**
— **Chy-Lung, conte chinois.**
— **Deux enfances célèbres.**
— **La Maison de neige.**
— **Apparition au désert.**
KAUFFMANN (P.). — **Le Paysan et** son élève.
LEILA HANOUM. — **François les châtaignes.**

In-32 raisin chaque vol. . **25 c.**

AURY (V.). — **La Cendrillon italienne.**
GINOS. — **Le Nègre et le Glaçon.**
GENEVAY (A.). — **Lazare Hoche.**
— **James Watt.**
— **Claude Callot.**
— **Bernardin de St-Pierre.**
— **La petite Marquise.**
— **Le grain de sable.**
LEILA HANOUM. — **Un Complot à** Nangasaki.
— **Vive la pluie.**

In-32 jésus chaque vol. . **35 c.**

AURY (V.). — **Prince et Bûcheron.**
— **Les deux Camarades.**
— **8 Jours dans un aquarium.**
LEILA HANOUM.— **Les Tourterelles** de Fathma.

PORCHAT (J.-J.). — **La Poule du** bailli.
WALKER. — **Une Nuit terrible.**
WALLUT (Ch.). — **La Pêche à la** ligne.

TABLEAUX GÉOGRAPHIQUES

Dressés par Félix HÉMENT, inspecteur général de l'Instruction publique.
Dessinés par CICÉRI.

Premières notions de géographie, à l'usage des écoles maternelles ou salles d'asile et du cours élémentaire des écoles primaires.
Collections de 12 dessins, de 0m60 sur 0m40 (imprimés en chromo), destinés à faciliter la connaissance des cartes géographiques aux enfants qui abordent l'étude de la géographie. Avec une notice album oblong cart. .... **15** »
Prix de chaque dessin. .... **2** »
Carton pour serrer les planches. **1 25**
1° L'Archipel. — 2° Le Canal, l'Écluse. — 3° Le Cap, la Falaise. — 4° Chemin de fer, Viaduc, Tunnel, Routes et Cours d'eau. — 5° Le Confluent, les Collines. — 6° Le Cours d'eau, les Glaciers. — 7° Le Détroit. — 8° Le Golfe, le Volcan. — 9° L'Isthme. — 10° Le Lac, les Glaciers. — 11° Le Port. — 12° La Vallée, le Torrent.
Termes géographiques (notice des tableaux géographiques), reproduisant 12 tableaux avec des explications sommaires, petit in-4, oblong. cart..... **1** »

TABLEAUX ASTRONOMIQUES

Dressés par Félix HÉMENT, dessinés par FOUCHÉ.

COLLECTION DE SIX TABLEAUX EN FEUILLES : Prix.......... **10 fr.**

Les tableaux se vendent séparément :

Dimensions comparées des planètes. — Mars, aspect des deux hémisphères. — Comètes et nébuleuses. — Le Soleil, sa dimension comparée à celles des planètes. — Lune, paysages lunaires.

CHACUN : **2 fr.**

Système planétaire : Orbite des planètes et principales comètes périodiques **4** ». — Collage de chaque tableau en sus : pour les tableaux simples **0 75 c.**, pour le grand tableau **1 50**.
Notice des tableaux astronomiques reproduisant les 6 tableaux avec des explications sommaires, petit in-4, oblong, cart.......................... **1** »

LA SCIENCE ÉLÉMENTAIRE

LECTURES COURANTES POUR TOUTES LES ÉCOLES, PAR H. FABRE

Chimie agricole, in-12, figures., cart. tonné...... **1 25**
Physique, in-12, fig., cart...... **2** »
La Chimie de l'oncle Paul, simples lectures sur la chimie, in-12 fig. c. **2** »
La Terre ou Physique du Globe, in-12, fig., cart.................. **2** »
Le Ciel ou Notions élémentaires de cosmographie, in-12, fig., cart.. **2** »
Les Ravageurs, récits de l'oncle Paul sur les insectes nuisibles à l'agriculture, in-12, fig., cart........ **1 25**

Les Auxiliaires, récits de l'oncle Paul sur les animaux utiles à l'agriculture, in-12, fig., cart............. **2** »
Les Serviteurs, récits de l'oncle Paul sur les animaux domestiques, in-12, fig., cart.............. **2** »
La Plante. Leçons à mon fils sur la botanique, in-12, fig., cart... **2** »
Lectures scientifiques sur la zoologie, in-12, fig., cart.......... **2** »
Lectures scientifiques sur la botanique, in-12, fig., cart............. **2** »

www.ingramcontent.com/pod-product-compliance
Lightning Source LLC
Chambersburg PA
CBHW060026100426
42740CB00010B/1607